KB071588

발달장애인을 위한
개인중심계획[PCP] 길라잡이

PICTURE 방법

Steve Holburn · Anne Gordon
Peter M. Vietze 공저

김유리 · 김예리 공역

Person-Centered
Planning
Made Easy

The PICTURE Method

학지사

Person-Centered Planning Made Easy: The PICTURE Method
by Steve Holburn, Ph.D., Anne Gordon, M.S.Ed., and Peter M. Vietze, Ph.D.

Copyright ⓒ 2007 by Paul H. Brookes Publishing Co., Inc.
Originally published in the United States of America
by Paul H. Brookes publishing Co., Inc.

All rights reserved.

Korean Translation Copyright ⓒ **2022** by Hakjisa Publisher, Inc.
This Korean edition was published by Hakjisa Publisher, Inc in 2022
by arrangement with Paul H. Brookes Publishing Co., Inc.
through KCC(Korea Copyright Center Inc.), Seoul.

이 책은 (주)한국저작권센터(KCC)를 통한
저작권자와의 독점계약으로 (주)**학지사**에서 출간되었습니다.
저작권법에 의해 한국 내에서 보호를 받는 저작물이므로
무단 전재와 복제를 금합니다.

역자 서문

우리는 자신이 기대하는 삶을 살기 위해 적극적으로 준비하고 계획합니다. 우리에게 계획은 일상적인 활동입니다. 그런데 이처럼 평범한 활동이 발달장애인에게도 마찬가지인지 묻는다면 '예'라고 대답할 자신이 없습니다. 발달장애인에게는 어디서 누구와 살고 싶은지, 취미활동으로 무엇을 배우고 싶은지, 주말에는 누구와 시간을 보내고 싶은지 등을 물어보기보다 그들이 이용할 수 있는 복지관의 프로그램은 무엇이 있는지, 그 프로그램의 대기자는 몇 명인지 등을 알아보는 것이 더 익숙하기 때문입니다.

하지만 「발달장애인 권리보장 및 지원에 관한 법률」 제정과 함께 발달장애인의 삶의 질에 대한 관심이 높아지면서 발달장애인이 원하는 삶의 모습에 초점을 맞추고 그러한 삶을 살 수 있도록 지원해 주는 개인중심계획의 중요성이 점차 대두되고 있습니다. 개인중심계획이란 한 개인이 바라는 삶의 목적이나 비전을 파악하고, 그것이 이루어질 수 있도록 계획을 수립하고 실행하는 하나의 접근이자 철학입니다. 즉, 개인중심계획은 발달장애인 당사자와 그 당사자에게 중요한 사람을 한자리에 모으고, 장애인의 강점, 선호도, 꿈에 대해 듣고, 그 꿈이 실현될 수 있도록 구체적인 실천계획을 실행하며 조정하는 과정입니다. 이러한 과정을 통해 발달장애인은 자신이 바라는 삶을 살도록 지원받고, 사회적으로 가치 있는 역할을 수행하며, 선택과 자기결정 기회를 가질 것으로 기대됩니다.

이 책은 개인중심계획 분야의 저명한 학자인 Holburn 박사가 그의 동료들과 함께 수행한 연구를 집대성하여 개발한 'PICTURE'라는 개인중심계획 도구를 소개하고 있습니다. 'PICTURE'는 개인중심계획이 발달장애인 서비스 현장에 쉽게 적용될 수 있도록 계획을 수립하고 실천하는 과정을 단계별로 상세하게 안내하고 있는 도구로 이 책에 서술된 'PICTURE'의 단계들을 따라가면 발달장애인의 현재 삶의 모습, 바라는 삶의 모습, 그것의 실현을 위한 계획이 체계적으로 수립될 것입니다. 그뿐만 아니라 이 책에 소개된 다양한 평가도구를 활용한다면 발달장애인의 삶의 변화와 만족도, 개인중심계획팀의 전반적 운영, 기관의 지원 정도 등을 측정할 수 있어 개인중심계획 과정을 보다 면밀하고 충실하게 수행할 수 있습니다.

이 책은 총 4개의 장으로 구성되어 있습니다. 서론에 해당하는 제1장에서는 개인중심계획의 배경과 주요 특성을 소개하고, 개인중심계획 도구로서 'PICTURE'가 지향하는 가치와 특징을 서술하고 있습니다. 제2장에서는 'PICTURE'를 효율적으로 실행할 수 있도록 사전준비부터 구체적인 실행 단계와 추후점검까지 상세하게 설명하고 있습니다. 또한 'PICTURE'를 이끄는 촉진자(facilitator)에게 유용한 팁을 제공하고 있습니다. 제3장에서는 'PICTURE'를 효율적으로 진행하는 데 필요한 다양한 점검 사항과 이를 위해 사용할 수 있는 평가도구를 소개하고 있습니다. 제4장에서는 개인중심계획의 실천 과정에서 부딪힐 수 있는 문제에 대한 현실적 조언을 제공하고, 제3장에서 소개된 다양한 평가도구를 제시하고 있습니다.

발달장애인 교육과 서비스 분야의 전문가는 발달장애인의 삶의 질 향상을 위해 끊임없이 고민하고 노력해야 하는 책무성이 있습니다. 모쪼록 이 책이 그 책임을 다하는 데 견고한 디딤돌이 되어 발달장애인의 삶에 작더라도 진정한 변화를 이끌 수 있기를 바랍니다.

마지막으로, 번역의 여정을 포기하지 않고 마음을 지키도록 이끌어 준 주변의 발달장애인과 그 가족들께 감사의 마음을 전합니다. 또한 편집에 수고해 주신 박지영 선생님을 비롯한 학지사 가족들에게도 감사의 마음을 전합니다.

2022년 9월
역자 일동

추천사

　발달장애는 삶의 질에 중요한 의사소통, 학습, 사회적 관계 형성에 어려움이 있는 지체장애 및 지적장애를 지닌 개인을 지원하고자 하는 책무로 조직화된 하나의 분야로 처음 알려졌다. 이 책과 함께 Holburn, Gordon, Vietze는 개인중심 비전을 사용하여 지원을 구조화하는 단계별 접근을 제공한다. 이 실용적인 책의 몇 가지 구성요소는 주목할 만하다.

　먼저, 가장 중요한 요소는 진단평가 혹은 전문가의 기준이 아니라 장애인의 비전을 중심으로 지원을 구조화하는 데 중점을 둔다는 것이다. 발달장애인에게 지원을 제공하고자 했던 초기 노력은 가능한 것에 집중하였다. 하지만 연구들은 발달장애인(심지어 중도장애인조차도)이 교육과 지원만 있다면 초기에 가정했던 것을 훨씬 넘어 배우고 수행하고 혜택을 누릴 수 있음을 보여 주었다. 보호시설에서 돌봄을 받는 미래 대신에 대인관계, 직업, 여가, 학습, 놀이가 있는 미래가 가능하였으며 기대되었다. 발달장애인의 능력을 인정하는 것이 그 분야에 엄청난 도전이 되고 있다. 전문가의 의견이나 진단평가를 중심으로 지원체계를 구조화하는 대신에 지원을 받고 있는 사람의 선호도, 능력, 개인적 비전을 중심으로 지원을 구조화하는 것은 상당한 도전에 직면하게 된다. 전문가중심 접근의 지원에서 개인중심 접근의 지원으로의 변화는 여전히 진행 중이다. 전문가가 제공하는 지원의 가치, 장애인 당사자가 아닌 옹호자(예: 가족)가 지원을 안내할지라도 있을 수 있는 저해 요인에 대한 논쟁은 계속되고 있다. 이 책에서 분명히 하고자 하는 것은 ① 개인적 지원은 차이를 만들며, 이는 소중하게 여겨지고 체계화되고 구성되어야만 한다, ② 개인적 지원은 개인의 역량에 대한 비전, 선호도, 지원을 받는 개인의 비전에 의해 구조화되고 안내된다면 가장 효과적이고 효율적이다, ③ 개인적 지원은 증거기반실제를 활용한 전문적 자원과 비공식적인 자원 모두에 의해 제공된다는 것이다. 가장 근본적인 메시지는 지원의 유형과 기능이 개인중심적이어야만 한다는 것이다.

이 책의 두 번째 주요한 기여는 지원의 근거로써 전반적인 삶의 질의 중요성을 거듭 주장한다는 것이다. 장애인을 지원하려는 초기 노력은 기술과 능력의 성취가 기능적 삶의 성과로 전환된다는 확신 없이 기술과 능력의 개발을 지나치게 강조했다는 것이다. 혼자서 옷을 입을 수 있다는 것은 훌륭하지만, 입은 옷을 실제로 즐기는 것이 훨씬 더 좋다. 개인중심계획의 창시자는 급진적이고 명확한 메시지를 전했다. 지원의 가치는 지원이 삶의 질에 미치는 영향에 놓여 있다. 하지만 그 메시지의 문제는 비전을 거의 논의하지 않고, 삶의 질을 평가하는 방법 혹은 삶의 질에 대한 개인의 선호도를 평가하는 방법이 명확하지 않다는 것이다. Holburn과 동료들은 삶의 질을 평가하는 것뿐 아니라 반복되는 측정과 조정을 위한 믿을 만한 전략(여전히 개발 중임)을 제공한다. 우리 모두는 요청한 것을 정확하게 얻었지만 그것이 우리가 기대한 것은 아니라는 것을 깨닫게 되는 재앙을 경험해 보았다. 인생은 직선이 아니라 우여곡절에 대한 것이다. 그러므로 지원은 이러한 우여곡절을 충족시키기 위해 조정되고 변화될 필요가 있다. Holburn과 동료들은 개인중심계획이 시간의 어느 한 시점에서 일어나는 이벤트가 아니라 한 개인의 삶이 드러나면서 지속적인 변화를 명령하는 반복되는 과정이라는 비전을 제시했다. 지원의 초점과 유형을 변화시키는 것은 개인의 비전과 일관되게 이루어져야 한다. 비전이 항상 부모, 가족, 옹호자 혹은 전문가가 선택한 방향으로 이루어지는 것은 아니지만 그것은 더 풍요롭고 개인적인 삶을 이끈다.

이 책의 세 번째 특성은 연구기반실제에 대한 노력이다. 이는 개인중심계획에 중점을 둔 책에서는 매력적인 관점이다. 개인중심계획을 위한 개념적이고 이론적인 근거는 효과에 대한 견고한 증거를 능가한다. 이 책의 저자들이 개인중심계획이 지원의 특성에 미치는 효과 및 삶의 질에 미치는 영향에 대한 가장 엄격한 평가 방법 중 하나를 제공한다는 점에서 독자들은 운이 좋다. 그러나 개인중심계획이 증거기반실제로서 거론되기 전에 행해져야 하는 많은 것이 여전히 남아 있다. 개인중심계획은 강력한 평가 성과가 있다면 타당한 접근이다. 그러나 큰 영향력에 집중하는 것은 이 접근을 전통적인 연구 방법을 사용하여 연구해야 할 문제로 만든다. Holburn과 동료들은 알려진 것과 제안된 것의 훌륭한 균형을 제공한다. 개인중심계획에서 반드시 따라야만 하는 단계에 대한 명확하고 구체적인 설명을 제공함으로써 이 절차들의 영향을 체계적으로 평가하고자 하는 이들에게 주요한 공헌을 한다.

개인중심계획에 대한 PICTURE 접근은 현재 유용한 여러 개인중심 도구 중 하나의 모델이다. PICTURE는 전문적 지원과 비공식적 지원을 혼합하며, 지원계획의 수정을 위한 반복적인 전략을 요구한다. 이것은 강조되어야 할 유용한 특성이지만 이 책의 주요한 공헌은 개인중심계획을 실행하는 법에 대한 자세하고 사용 가능한 설명이다. 이 책은 개인중심계획의 실행에 대한 교육을 받지 못한 사람에게는 충분하지 않다. 하지만 이 책은 개인중심계획의 주요한 생각을 이해하고 이러한 생각을 실천하고자 기관 차원의 실제를 찾고 있는 사람에게는 엄청난 가치가 있다. 마침내 이 책의 실제와 비전이 발달장애인의 삶을 더 풍요롭고 완전하며 그들의 선호도와 일치되도록 이끌 수 있기를 바란다.

University of Oregon 사범대학 특수교육 및 임상과학과 명예교수

Robet Horner, Ph.D.

저자 서문

　개인중심계획은 발달장애 분야에서 하나의 운동이 되었으며, 장애인에게 서비스를 제공하는 많은 기관은 서비스 제공의 일반적 접근으로 그것을 채택하고자 한다. 개인중심계획의 원칙과 목적을 반박하는 사람은 거의 없지만 유용한 접근은 많고 개인중심계획에 대한 실증적 연구는 부족하다 보니 기관 관리자는 어떤 접근이 가장 적절한지와 기관에 가장 현실적으로 적용할 수 있는 방법에 대해 알기가 어렵다. 이는 시행착오를 토대로 방법들이 변화되는 다른 중재와 같은 전형적인 발전 과정을 겪지 않았기 때문이다. 그러나 우리는 변화 과정을 실험하는 것이 두렵지 않았으며 그것의 결과물이 드디어 이 책이 되었고, 이는 우리가 지난 15년에 걸쳐 개인중심계획을 실행하고 평가하면서 배운 최상의 것을 제공한다.

　우리는 발달 서비스 기관을 위해 실용적이고 효과적인 PICTURE를 개발했다. PICTURE는 그 과정이 진행되는 동안 피드백을 제공하는 기관 친화적 접근이다. PICTURE는 사람들이 높은 삶의 질을 갖도록 도와주는 기관의 현재 강령이나 절차를 대신하고자 하지 않는다. 이것은 기관의 현재 절차와 융합되고 그 절차들을 더 효율적이고 효과적으로 만들 수 있다. 이 책은 쉬운 설명과 예시를 제공하여 팀원이 장애인에게 더 많은 힘을 실어 주도록 단계적으로 안내한다.

　내가 처음 개인중심계획을 소개했을 때 이는 뭔가 엄청난 것이었다. 원칙은 신선하면서 단순했다. 나는 촉진자의 열정, 그 촉진자가 협력적이지만 다소 회의적인 팀원과 만들었던 비전의 명료성에 사로잡혔다. 나는 관찰자였다. William의 비전은 누이와 함께 살기 위해 거주시설을 떠나는 것이었고 팀원은 그의 선호도에 맞추어 집의 증축을 논의했다. 나는 이것이 실제로 가능할지 의문이 들었다. William은 사람들을 해치는 것으로 유명하고 직원의 보호를 받으며 하루의 대부분을 보냈다. 그럼에도 불구하고 그 계획은 힘들게 진행되었는데, 몇몇 임상가는 참여하지 않았고 그 시점에서 그들의 관여가 필요한 것처럼 보이지도 않았다. 그때 William은 두 번의 가정방문 동안 그의 누이를 위협했고 그의 행동은 점점 나빠졌다. 결국 그 과정은 흐지부지되고, William은 그의 누이와 함께 살기 위해 이사하지 못했다. 몇 달 후 해산된 개인중심계획 팀의 팀원이 개인중심계획 과정으로 인해 William의 삶에 일어난 중요한 긍정적 변화에 대해 이야기해 주었고, 그는 왜 개인중심계획이 중단되었는지를 알고 싶어 했다.

나는 이 계획이 실패한 이유를 곰곰이 생각했다. 첫째, 중요한 전문가가 간과되었음이 드러났다. 돌이켜 생각해 보니 William은 성공할 수 있는 충분한 기술적 지원을 받지 못했다. 만약 행동지원가가 William과 함께 동행했다면 그의 누이 집 방문이 성공하였을까? 둘째, 팀은 역경에서 살아남을 만큼 충분히 응집력이 있지 않았음이 분명하다. 팀원의 더 나은 문제해결력 혹은 긍정적 결과에 대한 더 나은 지식은 그 과정을 유지시켰을까? 단기간에 종료된 William의 개인중심계획에 대한 나의 관찰은 PICTURE 개발의 씨앗을 심었다.

우리는 오랜 시간 동안 개인중심계획 과정을 개선하였다. 방금 언급되었던 것처럼 불행하게 끝난 과정은 나의 동료와 나에게 개인중심계획에서 효과적이지 않은 것에 대한 많은 것을 가르쳐 주었다. 더 중요하게는 우리는 이러한 실패를 개선을 위한 기회로 활용하였고, 삶의 질 향상에 영향을 미치는 새로운 방법을 시도하였다. 이 책은 우리가 겪은 변화의 발전을 모두 합하여 구성한 방법들의 모음으로서 이는 가장 효과적이라고 입증된 것이다. 이 책의 사용자들은 더 나은 개선점을 만들고 그것을 다른 사람과 공유함으로써 이러한 변화의 과정이 지속되기를 바란다.

차례

제1장

개인중심계획과 PICTURE · 15

제2장
PICTURE 실행 절차 · 39

제3장
PICTURE를 발전시키기 위한 평가 활용 · 73

제4장
PICTURE 사용 도구: 중재자 가이드, 질문지, 활동지 • 89

제1장

개인중심계획과 PICTURE

제1장 개인중심계획과 PICTURE

이 책은 개인중심계획의 실행 방법을 기술하고 장애인이 더 만족스러운 생활양식을 성취하도록 돕고자 만들어졌다. PICTURE(Planning for Inclusive Communities Together Using Reinforcement and Evaluation, 강화와 평가를 사용한 지역사회 통합 계획) 접근은 복지 서비스 기관으로부터 서비스를 받고 있는 장애인을 위해 고안되었다. 따라서 이 책은 개인중심계획을 체계적으로 실행하기 원하는 기관을 위한 지침서이다. 개인중심계획인 PICTURE 방법을 사용함에 있어 장애인에게 관심이 있는 소수의 사람은 간단하게 세 가지 주요 질문을 한다. '지금 당신의 삶의 모습은 어떠한가?' '당신은 당신의 삶을 어떻게 바꾸고 싶은가?' '그것이 실현되도록 우리가 어떻게 도울 수 있을까?'

개인중심계획에 대한 다른 서적도 있지만 이 책은 다르다. 이 방법을 실행하고, 가르치고, 연구한 지난 10년 동안 우리는 더 많은 사람이 더 나은 성과에 이르도록 그 절차의 기본 원칙 중 몇 가지를 수정했다. 그렇게 하는 동안 우리는 몇 가지 유용한 점을 발견했고, 이러한 변화를 개인중심계획에 통합하여 이 책에 담았다.

우리는 여러분이 이 방법을 장애인의 삶을 의미 있게 변화시키도록 돕는 효율적이고 효과적인 방법으로 발견하기를 바란다. 특별히 PICTURE는 지적장애 분야 전문가의 지식과 실제의 상당한 부분을 통합하였는데, 교수전략, 치료 절차, 응용행동분석과 같은 중재가 이에 해당한다. PICTURE 절차의 단계들은 분명하게 규정되고, 그 과정을 준수하였는지를 평가하는 방법도 제공된다. 아마 가장 중요한 점은 개인중심팀과 기관의 관리팀 모두에게 그들의 계획의 성과를 알려 주는 객관적인 평가도구가 제공된다는 것이다. 이 피드백은 조직관리 대응과 팀 계획의 조정에 활용된다. 우리는 개인중심계획에 몇 가지 과학적 원칙을 도입하고, 1980년대 그 절차의 초기 개발 시 서술되었던 개인중심계획의 필수적인 원칙들을 계속 이어 갔다. 초기 개념(Mount & Patterson, 1986; O'Brien, 1987; O'Brien & O'Brien, 2002; Yates, 1980 참조)의 몇 가지로부터는 벗어났지만 우리는 다른 사람들에 의해 개척된 하나의 절차에 기여하고 있음을 알고 있다. 하지만 우리의 목적이 더 나은 개인중심계획 자체는 아니기 때문에 이것이 문제가 되지는 않는다. 우리의 목적은 장애인의 더 나은 삶이다. 우리가 의미하는 더 나은 삶은 더 많은 자율성, 더 나은 대인관계, 더 즐거운 생활 환경, 진정한 사회적 공헌이다. 만약 이 책의 단계들을 따른다면 당신은 장애인의 삶의 질을 유의미하게 향상시키게 될 것이라고 믿는다. 이 과정을 장려하는 기관은 장애인, 직원, 가족 구성원을 더 만족시키기는 범위에서 전문가와 지원 인력을 효율적으로 활용하는 법을 반드시 발견하게 될 것이다.

1. 개인중심계획의 간략한 역사: 개인중심계획은 무엇이며 어디서부터 왔는가

개인중심계획은 지적장애인처럼 경시되는(undervalued) 사람들이 그들의 삶에서 필요한 것과 원하는 것을 얻도록 지원하는 방법이다. 그러한 사람들은 종종 다수로부터 격려되기 때문에 개인중심계획은 많은 서양 사회에서 하나의 운동이 된 장애인의 사회적 통합을 강조한다. 사실 개인중심계획의 이념적 토대는 개인중심계획 접근이 개발되기 최소한 10년 전에 등장한 정상화 원리(Nirje, 1969; Wolfensberger, 1972)에서 찾을 수 있다. 그러나 개인중심계획은 이론적 틀(framework)과 올바른 신념 이상의 것을 제공한다. 그것은 정상화의 이념과 사회적 통합을 실현시키는 하나의 방법을 제시한다. 따라서 개인중심계획은 반드시 발생해야만 하는 변화의 유형에 대한 이념과 변화를 일으키는 방법에 관한 전략을 함께 조합시킨다.

개인중심계획은 1990년대 중반에 발달장애인의 경험을 더 잘 이해하고, 다른 사람의 도움을 받아 그러한 경험을 확장하고 향상시키기 위한 방법으로 생겨났다 (O'Brien & Lovett, 1992; O'Brien, O'Brien, & Mount, 1997). 더 구체적으로 개인중심계획은 사회적 고립을 감소시키고, 우정을 촉진하며, 선호하는 활동의 기회를 증가시키고, 역량을 개발하고, 존중을 촉진하고자 시도한다. 미국, 캐나다, 영국의 정책가와 서비스 기관은 열렬히 그것의 원리를 받아들였으나(Holburn & Vietze, 1999; Schwartz, Jacobson, & Holburn, 2000) 개인중심계획을 실행하는 실제 과정은 그것의 창안자가 서술했던 것만큼 간단하거나 쉽지 않았고, 결과적으로 개인중심계획은 그것을 채택하려고 노력한 서비스 체계에서 종종 잘못 활용되었다(O'Brien et al., 1997).

2. 개인중심계획의 목표

가장 공통적으로 언급되는 개인중심계획의 목표는 O'Brien(1987)에 의해 기술된 다섯 가지 필수적 성과이며, 이를 간단하게 정의하면 다음과 같다.

① 지역사회 현존: 전형적인 이웃 혹은 통합된 교실 같은 일상적인 장소에서 지낸다.
② 지역사회 참여: 지역사회 친구 및 협력자로 이루어진 네트워크에 속해 있다.
③ 선택: 일상적인 일들에 대한 의사결정에서 자율성을 가진다.
④ 존중: 지역사회 삶에서 가치 있는 역할을 한다.
⑤ 역량: 존중받을 수 있는 일을 할 수 있다.

이 다섯 가지가 지적장애인에게는 좋은 목표이며 장애 분야에서는 보편적인 호소력을 지닌 것으로 나타난다. 그러나 이 목표들에는 두 가지 제한점이 있다. 첫째, 이 목표들은 그것이 대상으로 삼은 장애인들에 의해 개발되지 않았다. 그것은 장애인을 대변하는 사람들에 의해 제안되었다. 둘째, 개인중심계획은 발달장애인 거주시설의 문제점에 대한 고려에서부터 발전되었기 때문에 이 목표들은 갇혀 지내거나 감금당한 사람들이 경험한 결핍을 반영한다. 따라서 이 목표들은 여러분이 지원하고자 하는 장애인의 목표와 완전히 일치하지 않을 수 있다. 그럼에도 불구하고 우리는 이 목표들 중 어느 것과도 들어맞지 않는 포부를 지닌 장애인을 만난 적이 거의 없다. 여기서의 요지는 장애인의 삶의 질을 더 좋게 만드는 것에 대한 우리의 선입견에 관계없이 우리가 지원하려고 하는 장애인의 바람을 가까이서 들을 필요가 있다는 것이다.

3. 개인중심계획 절차에 대한 간단한 설명

개인중심계획은 많은 문제해결과 기관의 조정을 요구하는 다면적이며 장기적인 중재이다. 근본적으로 개인중심계획은 장애인에게 가장 중요한 사람들을 한자리에 모으고, 그 장애인을 위한 더 나은 삶을 그려 보고, 그 비전을 성취할 수 있는 방법을 발견한다. 그 팀은 다양한 구성원으로 이루어져야 하며 복지 서비스 종사자만으로 구성되어서는 안 된다. 그 팀은 전문가가 장애인의 결함을 개선하거나 없애려고 하는 전통적인 간학문적 임상팀의 계획 과정과 유사해서는 안 된다. 대신에 장애인 당사자, 가족 구성원, 친구의 관점이 무엇보다 중요하며, 계획은 장애인을 위한 더 나은 삶을 이루고자 하는 시도이지 교정 절차가 되면 안 된다. 전부는 아니더라도 의사결정의 상당 부분이 서비스 체계 종사자로부터 장애인 당사자에게로 옮겨 간다. 개인중심계획에서 권한과 의사결정은 공유된다.

계획 절차가 장애인에 의해 이끌어질 때 어떤 종류의 계획이 만들어지는가? 그것은 전형적인 간학문적 접근처럼 보이지는 않는데, 그 계획의 내용이 더 높은 권위자에 의해 규정된 것이 아닐뿐더러 목표들은 평가되거나 충족되어야 하는 사전에 결정된 건강 및 기술 영역을 반영하지 않기 때문이다. 전통적 체계에서 발달장애인을 위한 계획과 서비스는 비효율적인데, 계획이 자금, 임상적 관습, 서비스 제공자의 편의에 의해 운영되는 종종 독단적이며 고정된 서비스 유형에 맞추어야 하기 때문이다. 개인중심계획에서 계획은 계획 과정의 중심에 있는 장애인의 의해 이루어진다. 모든 다른 고려사항은 부수적인 것이 되어야만 한다. 그럼에도 불구하고 계획은 실현 가능한 목표, 그 계획을 실행하기 위한 전략, 책무성과 같은 전통적인 요소도 포함한다. 효과적인 계획은 장애인의 비전 혹은 꿈이 실현되도록 이끌 명확한 단계와 요구사항을 포함한다.

비록 장애인의 포부가 서비스 기관에서 제공하는 서비스와 일치되지 않을지라도 그 사람은 여전히 기관의 지원이 필요하기 때문에 누구나 예상하는 것처럼 개인중심계획 동안 상당한 문제해결이 발생한다. 따라서 기관에 있는 기존의 프로그램으로는 장애인이 원하는 것을 제공할 수 없는 방해물을 팀이 직면하게 되면 개인중심계획의 다른 단계가 발생한다. 개인중심팀은 문제를 해결해야 하며 장애인의 꿈이 실현되도록 만드는 방법을 고안해야만 한다. 팀은 이를 독립적으로 하지는 않는다. 팀은 기관이 그 꿈을 지원하도록 격려한다. 서비스 기관 내 조직의 변화가 필요할 수 있으며, 특히 다양한 개인중심 접근 노력이 기관에서 이루어지고 있다면 더욱 그러하다. 만약 기관이 이러한 새로운 지원 방법을 수용할 수 있다면 개인중심계획은 기관 내에서 확대될 것이다.

개인이 더 나은 삶을 성취하도록 지원하는 데 필요한 문제해결은 촉진자에 의해 이끌어지는데, 촉진자는 계획 회의를 진행하며, 팀이 통합, 우정, 개인의 자율성과 같은 핵심 목표와 가치에 관심을 유지하게 한다. 촉진자는 종종 사람들이 말하는 것을 넓은 종이 위에 기록한다. 그 정보는 개인의 경험, 관심, 꿈 등을 포착한 주제들로 정리된다. 이 정보는 더 나은 미래를 위한 계획 개발의 기초가 된다. 촉진자는 합의를 통해 그 계획을 성취하는 방법을 찾아내고 계획의 완수를 위한 약속을 얻어 낸다.

팀은 정기적으로 만나 성공한 점과 실패한 점을 돌아보고 전략을 수정한다. 팀이 얼마나 자주 만나야 하며 개인중심계획이 얼마나 오랫동안 지속되어야 하는지에 대한 규정은 없다. 이것은 팀과 장애인에게 달려 있다. 주요한 목표가 성취될 때까지 팀이 그대로 유지되는 것은 중요하다. 그런 후 팀 구성원은 정기적으로 만나 그 장애인이 어떻게 지내고 있는지를 알아보고, 필요한 경우 지속적인 지원을 제공해야 할 수도 있다.

4. 관료주의 체제와 개인중심계획

기관이 공식적인 절차, 표준화, 다양한 위계적 승인 절차에 의해 운영되면 일반적으로 관료체제로 여겨진다. 그러한 체제는 비효율성과 낭비를 떠올리게 한다. 관료체제는 오로지 그 자체를 위해 존재하며, 결국 관료체제 크기의 확장으로 끝맺는 결과를 성취한다고 이야기되고는 한다. 발달 서비스 분야에서 관료주의 체제는 고객으로서 장애인이 보호는 받지만 상대적으로 고립된 생활을 유지하게 하는 실제(practices)를 개발해 오고 있으며, 그와 정반대되는 변화는 많은 조직관리 계층 및 부서의 승인을 요구한다. 그러한 절차적 안전 장치(safeguards)는 장애인의 삶의 질을 향상시키는 데 필요한 혁신들을 좌절시키는 결과를 가져온다. 대안적으로 개인중심 접근은 (외부) 감독을 덜 받는 생활방식을 누리는 시민의 사회적 통합을 촉진한다. 그렇게 함으로써 장애인의 포부에 적합하도록 기관의 변화를 촉진한다. 〈표 1〉의 대비는 이 두 가지 체제의 목적과 계획의 실제에 있어서 차이점을 보여 준다. 개인중심 접근이 더 본질적이고 확실히 덜 기술적(technical)이지만 그것이 실행하기 더 쉽다는 의미는 아님을 주목해야 한다. 덧붙여 〈표 2〉는 임상적 문제해결과 개인중심계획의 차이를 보여 준다.

● **〈표 1〉** 관료주의 체제와 개인중심 체제

관료주의 체제	개인중심 체제
의사결정을 통제하는 많은 규율과 규정	기관의 사명 진술문을 따르고 상식 활용
건강과 안전을 주요 강조점으로 삼음	지역사회 내에서 삶의 질을 주요 강조점으로 삼음
일과는 효율성을 위해 구조화됨: 활동은 집단으로 행해짐	일과는 개별화됨: 선호도와 새로운 학습을 위해 구조화됨
이미 있는 서비스 범주로부터 파생한 특화된 중재 서비스를 찾음	더 나은 삶의 모습을 그려 보고 그것이 가능하도록 전략들을 고안함

소비자-종사자의 상호작용이 밀집된 환경에서 발생함	상호작용이 지역사회에서 발생함
거주자는 서비스가 필요한 고객 혹은 환자로 여겨짐	거주자는 지역사회에서 살기 위해 지원을 필요로 하는 사람으로 여겨짐
지역사회 배치는 거주자가 수용할 만한 기술과 행동을 보여 줄 때 일어남	장애인은 지역사회로 이동하고 지원과 서비스가 그 당사자 주변에서 이루어짐
장애인은 지원과 보호가 필요한 의뢰인으로 여겨짐	장애인은 사회에 귀중한 공헌을 할 수 있는 시민으로 여겨짐

● **<표 2>** 임상적 문제해결과 개인중심계획 비교

임상적 문제해결	개인중심계획
결함, 장애, 문제를 확인함	능력, 꿈, 포부를 확인함
검사를 통해 장애인을 알아 감	비공식적으로 장애인을 알아 감
의사결정은 위계적이고 전문가에 의함	의사결정은 장애인, 가족, 친구가 함
특화된 치료팀 회의	친구, 가족, 직원으로 구성된 집단의 회의
문제는 장애인의 내부에 있음	문제는 문화에 존재함
장애인을 고침	환경을 고침
장애인이 현존하는 서비스에 맞추기 위해 배움	장애인 주변에 지원이 갖추어짐
증상을 감소시킴	삶의 질을 향상시킴

5. 용어에 대한 견해

개인중심계획가는 일상적인 용어를 사용한다. 일상적인 용어(혹은 평이한 언어)는 계획 절차에 참여한 모든 사람에게 이해된다. 기술적 용어는 장애인의 분리를 야기한다. 예를 들어, 주거 프로그램은 집으로 대체하고, 직업 서비스는 일자리, 발화

기술은 말하기로 대체한다. 평이한 언어는 지적장애인이 비장애인과 동일한 기본 욕구를 지니고 있다는 것과 선택권 행사하기, 즐겁지 않은 상황으로부터 벗어나기, 동등하게 대우받기, 의미 있는 관계 맺기처럼 일상생활에서 비장애인과 동일한 필수적인 것들을 즐기고 있다는 것을 더 쉽게 전달하게 한다.

비록 개인중심계획가가 개인중심계획의 철학과 실제를 서술하는 데 기술적 용어의 사용을 피하고자 애쓴다 할지라도 그들은 종종 특별한 의미를 지니며 사회적 통합을 촉진하는 용어를 사용하기도 한다. 예를 들어, 역량강화, 시민권, 자연적 지원, 공동체 형성과 같은 단어는 장애 분야에서 특별한 의미를 지니며 그들은 서비스와 지원이 그 목적을 향하여 어떻게 제공되어야 하는지에 대한 사고를 촉진한다. 회의에 참여한 모든 사람이 이해할 수 있도록 일상적인 용어 사용을 환영함—심지어 격려함—을 분명히 하고자 한다.

주의: 비록 개인중심계획가가 일상적인 용어를 사용할지라도 계획 회의 동안 용어에 대한 기본 규칙을 수립할 것을 제안하지는 않는다. 이는 토론을 억누르고 계획 과정을 제한할 수 있다. 이 주의사항은 개인중심계획을 진행 중인 기관에게는 보류된다. 예를 들어, 임상가 집단을 대상으로 발표를 하고 있는 발표자가 의뢰인이라는 용어가 비하적이라고 주장할 때, 일부 청중은 이 근거에 이의를 제기하였다. 다른 참가자가 그 용어의 사용에 대해 변호하기 시작한 후 교육은 비생산적인 서먹서먹함으로 이어졌고, 이는 교육의 잠재적 이득을 감소시켰다.

6. 임상적 문제해결과 개인중심계획의 비교

전통적인 임상적 문제해결 접근은 정신병리학적 진단과 치료를 수반한다. 임상가는 일반적으로 장애와 손상을 정밀하게 검사하고 장애인이 지역사회에 현존하도록 준비시키기 위한 중재를 처방한다. 개인중심계획에서 장애인은 이미 지역사회 내에 현존해야만 한다고 가정된다. 문제해결은 그 장애인 당사자가 양질의 지역사회의 삶을 유지하도록 지원 및 서비스를 어떻게 조정할 것인지에 중점을 둔다. 이 두 가지 접근 사이에 중복되는 부분이 있다. 장애인이 의학적 문제를 가지고 있을 경우 임상적 방법이 적절하다(Pfadt & Holburn, 1996 참조). 여러분이 PICTURE 방법에 동의할지라도 진정한 지역사회 통합의 성취와 유지는 반드시 전문적 지원을 요구한다는 점에서 전문 서비스는 PICTURE 절차의 고유한 일부가 된다.

7. PICTURE의 특성

　비록 PICTURE가 오늘날 사용되고 있는 개인중심계획 접근의 상당 부분을 포함하고 있더라도, PICTURE는 일부 특성은 약화시키고 다른 특성을 부가한다. PICTURE는 두 가지 주요한 측면에서 다르다.

　① 전문가의 참여가 격려된다. 전문적 실제(professional practice)는 PICTURE 방법의 핵심적인 부분이다. 장애인은 심각한 신체적 건강 및 행동적 지원 요구를 가지고 있으며 이는 전문적 훈련을 받은 사람들에 의해 제공되어야만 하는 다양한 치료, 중재, 교수적 훈련을 요구한다. 그러나 임상가, 교사, 다른 중재자는 거주시설 혹은 대규모 그룹홈과 같은 분리된 환경이 아닌 지역사회에서 그 실제들이 이루어지기를 권장한다.

　② 평가는 계획 과정을 안내한다. PICTURE 절차 전반에 걸쳐 기관, 개별 계획 과정, 삶의 질 성과의 간단한 정보는 관찰, 질문지, 점검의 형식으로 정기적으로 수집된다. 정보는 계획 절차를 안내하도록 계획팀에게 전달되고, 기관의 지원과 조정을 유지하도록 관리팀에게 전달된다. 그 짤막한 정보는 관찰, 질문지, 점검의 형식을 취한다. 이 활동은 기관의 사명과 계획팀의 효과를 강화한다. 따라서 PICTURE에서 활용되는 평가도구는 효과성 측정 그 이상

이다. 그 평가도구는 중재 그 자체의 일부가 되고, 과정과 성과 모두를 측정한다. 평가를 사용하는 성공적 팀의 구성원은 "우리가 하고 있는 것이 효과가 있음을 평가가 보여 주기 때문에 하던 것을 계속 하자."라는 이야기를 자제하고 "평가는 우리가 원하는 곳으로 우리를 데려가기 때문에 계속 평가를 하자."라고 더 이야기하는 경향이 있다.

8. PICTURE에서 전문가의 역할

1) 지역사회로 이사 가면 누가 주치의가 될 것인가

전문적 실제가 PICTURE 과정의 핵심적인 부분임에도 불구하고 개인중심계획 옹호가는 종종 전문 서비스를 못 미더워한다. 이러한 우려는 발달 서비스에서 전문 치료의 남용, 장애인을 보호하고 교육해야 하는 대규모 체제 내 전문 직원의 오용에 기인한다. 하지만 우리는 그러한 부당처치가 열악한 기관의 결과물이며 종사자는 그러한 열악한 체제의 피해자라고 믿는다. 따라서 적절한 환경에서 그들의 직무를 수행하도록 허락된다면, 전문가는 장애인의 사회적 통합에 유의미한 기여를 할 수 있으며 그것이 그 과정에 필수적이라고 믿는다. 이것이 유급 직원에게 PICTURE 참여가 권장되는 이유이다.

PICTURE가 사용될 때, 치료, 교수, 행동중재는 대규모 시설과 같은 분리된 환경이 아니라 지역사회에서 이루어져야 한다. 다양한 전문적 실제를 통해 개인이 지역사회에 살도록 준비시키는 대신 장애인은 지역사회에서 전문 중재를 받는다. 장애인이 아직 지역사회에 살지 않거나 지역사회에서 많은 시간을 보내지 않고 있더라도, 많은 서비스가 여전히 이웃 지역사회에서 제공될 수 있다. 여가, 건강 돌봄, 직무 개발, 대중교통 이용 교수, 행동지원이 그러한 서비스에 해당하며, 그 서비스 모두는 전문 직원을 지역사회로 옮겨 놓는다. 전문가와 장애인 모두는 사회

통합 과정에 참여하고, 그로 인하여 전문가들은 지역사회에서 일하게 된다.

PICTURE에 의해 촉진된 전문적 실제의 그러한 사례는 Kessler Avenue 그룹홈에 변화가 일어나기 시작할 때 발생했다. 이 그룹홈에는 12명이 살고 있고 그들 모두는 그곳에서 정기 의료검진, 언어치료와 물리치료를 포함한 임상 서비스를 받고 있었다(즉, 그룹홈에서 서비스를 받음). 그 기관은 더 개인중심적인 서비스를 실행하는 데 관심이 있었고 Kessler 홈에 살고 있는 일부 장애인과 PICTURE 회의를 시작했다. 다양한 의료적 문제를 가진 Nolan이라는 젊은 청년은 PICTURE 과정에 참여했다. 계획팀이 2명의 친구와 함께 지역사회 아파트로 이사 가는 그의 꿈이 실현되도록 지원하자 Nolan은 일어날 변화에 대해 흥분되면서도 걱정이 되었다. 어느 날 회의에서 그는 "내가 지역사회로 이사 가면 누가 내 주치의가 되나요?"라고 물었고, 그 대답은 "지역사회에서 진료하고 있는 의사가 될 거야."였다.

2) 새로운 생활양식은 새로운 학습을 요구한다

교수(teaching)는 개인중심 접근을 향한 PICTURE의 가장 중요한 활동 중 하나이다. 이는 지식과 기술을 새로운 상황에 전이하는 것만을 포함하거나 새로운 기술을 교수하는 것을 포함하기도 한다. 지역사회에서 새로운 기술을 교수하는 것은 분리된 환경에서 기술을 교수하고 지역사회 환경으로 일반화되기를 바라는 것보다 중요하다. 팀 구성원이 이러한 기술을 교수하도록 요청받거나 지역사회에서 장애인과 시간을 보내게 될 보조원을 고용할 것을 요청하기도 한다. 기관 직원이 자연스러운 환경에서 중재를 제공할 수 있다면 가장 최선이다. 예를 들어, 장애인이 더 많은 친구를 사귀기 바란다면 그/그녀는 사람들과 대화하고 친구를 만드는 더 나은 방법을 배울 필요가 있다. 새로운 직장에 출퇴근하는 것은 대중교통을 이용하는 법을 배울 것을 요구한다. 관리감독 없는 생활은 장애인이 요리, 청소, 밤에 문단속하는 법을 배워야 함을 의미하기도 한다. 많은 사람은 이미 그러한 기술의 기초를 가지고 있고 기술을 향상시키거나 새로운 상황에 적용하기 위해 상대적으로 적은 교수를 필요로 한다. 그러나 돌봄인이 장애인을 위해 그러한 것들을 해 주어 그/그녀의 요구 대부분을 충족시켰다면 장애인은 처음에는 더 독립적이 되는 것과 스스로 결정하는 것을 주저할 수 있다. 특정 과제를 수행할 필요가 없었던 발달장애인은 그러한 과제를 수행하는 법을 배워야 하는 자신을 발견하게 될 것이다.

3) 우정 형성

친구 만들기는 사회의 주류에서 배제되어 온 장애인에게 가장 중요한 기술일 수 있지만 우정은 정의하기 복잡하고 어렵다. 그럼에도 불구하고 통합의 열쇠는 다른 사람과의 관계 맺기일 수 있는데, 지적장애인은 종종 친구 만드는 것을 어려워한다. 장애 그 자체가 우정 형성에 도전을 제기하지만 분리된 환경에서 살아온 장애인의 사회성 발달과 사회성 기술은 기회 부족으로 인해 제한된 것이므로 그들은 부가적인 불리함을 지니고 있다. 일부 장애인은 직원과 가족 구성원 혹은 다른 장애인과 접촉할 기회만을 가지고 있는데 우정 형성을 위한 기회를 마련해 주는 여러 방법이 있다.

우정을 키울 수 있는 한 가지 방법은 지역사회의 다른 사람들과 함께 하는 활동을 마련하는 것이다. 공통된 관심과 재능을 가진 사람들은 함께 이야기를 나누고 아이디어를 공유하면서 시간을 보내고는 한다. 비슷한 직업을 가진 사람들은 서로에게 끌리는 경향이 있다. 장애인이 지역사회 생활에 참여하는 한 그들은 지역사회에 살고 있는 사람들과 우정을 키워 가기 쉽다. 그러나 많은 장애인에게 우정을 위한 기회를 마련해 주는 것으로는 불충분하다. 만약 장애인이 자연스러운 우정으로 이어질 수 있는 방식으로 상호작용하는 기술이 부족하다면 사회성 기술의 개발이 필요하다. 눈 맞춤, 악수, 얼굴 표정 읽기와 같은 기초 기술부터 적절한 대화, 매력적인 의상, 데이트 시 적절한 행동과 같은 더 복잡한 요소에 이르기까지 이러한 영역에 대한 충분한 교수가 필요하다.

4) 응용행동분석과 강화의 역할

응용행동분석의 가장 일반적인 사용은 도전행동의 감소를 위한 것이다. 흥미롭게도 개인중심계획은 행동문제를 가진 장애인을 위해 자주 실행되며, 이는 우연의 일치가 아니다. 사실 개인중심계획 및 응용행동분석의 목적과 원칙은 유사하다(Holburn, 2001). 개인중심계획은 장애인의 환경에서 혐오스러운 상황을 제거하고 강화에 쉽게 접근할 수 있도록 함으로써 행동문제를 감소시키는 데 효과적일 수 있다. 행동분석에서 강화는 개인중심계획에서 선호하는 활동에 접근하도록 하는 것과 동일하다. 두 가지 방법 모두 환경을 수정함으로써 장애인이 하던 것을 바꾸려고 한다. 부적응 행동을 제거하는 데 주로 중점을 두었던 전통적인 행동분석은 문제(maladaptive) 환경에서는 효과가 없다. 개인중심계획은 장애인이 살고 있는 곳이나 하고 있는 것을 지금 누리도록 환경을 변화시킨다는 점에서 응용행동분석의 보다 성공적인 적용을 위한 선수조건이 될 수 있다.

때로는 장애인에게 매우 중요한 강화제 혹은 선호물이 규정에 의해 거절된다. 예를 들어, Brian은 따뜻한 점심식사를 원했으나 주간활동 기관의 규정에 따르면 기관에 소속된 사람들은 점심도시락을 가져와야 하기 때문에 점심시간대에 그를 다루기가 늘 어려웠다. 따라서 점심시간에 직원은 다른 기관에서 온 사람들이 따뜻한 점심식사를 먹는 것을 바라보고 있는 Brian에게 차가운 도시락을 먹도록 만들기 위해 그를 자주 물리적으로 구속해야만 했다. 지나친 요식행위 후에 Brian 팀은 그가 따뜻한 점심식사를 하도록 준비했으며, 그의 도전적인 점심식사 행동도 사라졌다.

도전행동과 관련된 강화제 혹은 선호물이 아주 쉽게 얻어지지는 않는다. 예를 들어, Hal은 부모님의 방문을 매우 좋아했고 그 방문은 그의 하루를 환하게 해 주었다. 하지만 방문 동안 Hal이 어머니를 반복해서 때리는 일이 일어나자 어머니는 방문을 중단하였다. 가족방문은 Hal이 더 적절하게 상호작용하는 법을 배우도록 하는 구조화된 행동분석 기간 후에야 재개되었다. 이 과정은 Holburn과 Vietze(2002)의 책에 자세히 서술되어 있다.

5) 지난 실제와 성취를 기반으로 함

개인중심계획은 그것이 유일한 방법인 것처럼 혹은 앞서 실행한 모든 것이 비효과적인 것처럼 홍보되어서는 안 된다. 개인중심계획이 이제 막 진행되고 있는 장애인에게 아무 진척도 없음을 당연시해서는 안 된다. 이러한 개념은 잘못되었으며 미래의 참여자들을 쫓아낼 수 있다. 사실 개인중심계획에서 정말로 새로운 것은 없으며 그 철학과 실제의 결합이 특별하고, 그것이 강력한 방법을 만들어 내는 것이다. 그러나 개인중심계획은 서비스와 고립되어 존재하지 않는다. 계획은 현재 장애인에게 서비스를 제공하고 있는 기관의 문화 및 절차와 통합되어야 한다 (Sanderson, 2002). 장애인의 목표는 그/그녀가 이미 성취하고 습득한 것과 연결되어야만 한다. 이미 이룬 것을 없애고 다시 시작하는 것보다 그것을 기반으로 하는 편이 낫다. PICTURE의 이러한 긍정적인 접근에서 이미 개발된 기술과 성취는 기념되고, 그것은 더 나은 체계를 위한 기초로써 활용된다. 이는 연속성을 제공하고 가치 있는 행동을 강화한다. 과거에 효과적이었던 해결책은 여전히 소중하며 그것들은 계획 절차 초기에 확인되어야만 한다.

9. 절차와 성과 평가

개인중심계획은 원칙들이 기본적이고 언어가 비전문적이라는 점에서 단순함의 매력을 가지고 있지만 계획팀이 그 절차를 실행하기는 쉽지 않으며 기관이 그 접근을 채택하고자 그 구조와 절차에 맞추는 것도 쉽지만은 않다. PICTURE가 다른 개인중심계획의 방법과 구별되는 점은 그 절차를 안내하고 순조롭게 진행되도록 하는 고유한 평가도구가 있다는 것이다.

이러한 변화된 절차를 시작하는 것은 어렵지 않지만 팀 혹은 큰 기관이 착수하려는 것을 평가도 하지 않고 진행한다면 예외 없이 새로운 절차로부터 벗어나 결국 개인중심계획이 도입되기 전에 팀과 기관을 지배했던 이전 절차로 되돌아가게 된다. 이것의 요인은 규정, 전문적 실제 규준, 기관의 이전 관습을 포함하지만 그 중 어느 것도 그 자체로 역효과를 초래하는 것은 아니다. 하지만 그것들이 결합하면, 앞에서 서술한 임상적 및 관료적 절차의 특징이 나타나는 규정 지배적인 환경을 생성한다. 하지만 기관이 개인중심계획에 주시한다면 임상적 관점은 유일하게 건강 이슈에서만 우세하고, 실행가는 사회에 공헌하는 구성원으로 장애인의 지위를 개선시키고자 그들의 기술을 적용하게 될 것이다.

이 책의 사용자는 기관, 계획팀, 장애인의 계획 실행을 평가하기 위해 다양한 방법을 이용할 수 있다. 각각은 서로 소통하며 모두는 하나의 단위로 기능한다. 평가정보의 기초가 되는 검사도구와 활동지는 제4장에 제시되어 있다. 그 검사도구와 활동지를 사용하는 데 어떤 특별한 훈련도 필요하지 않으며 그들의 사용을 위한 설명이 제공되어 있다. 조직의 변화 과정 특성상 각 단계를 주기적으로 평가하는 것은 중요하다. 기관, 계획팀, 장애인에게 변화가 발생할 때, 그 변화된 정보는 계획팀과 관리팀에 피드백을 제공하고, 그 정보는 각 팀의 실제에 영향을 미치며, 그 순환을 통해서 결과적으로 환류될 새로운 정보가 생성된다. 장애인에게만 전념하였더라도 그 효과는 기관, 계획팀을 운영하는 개인들의 반응에 의해 좌우된다. 세부 구성요소들이 하나의 효과적인 단위로 기능하도록 정보는 정기적으로 수집되고 공유되어야만 한다. 이러한 활동은 기관의 사명과 계획팀의 효과를 강화한다. PICTURE가 이렇게 서로 맞물려 있는 기능을 어떻게 개념화하는지와 성공적인 성과를 달성하도록 평가와 점검지가 어떻게 사용되어야 하는지에 대한 자세한 정보는 제3장에 제시되어 있다.

10. PICTURE의 11가지 원칙

① 장애인은 반드시 비장애인처럼 살아야만 한다

장애인은 우리 문화의 다른 사람들과 동일한 요구와 권리를 가지고 있다. 그러나 유사한 장애를 가진 사람들로 구성된 집단에서 살고 일하고 배우도록 자주 요구된다. 이러한 상황이 연장되면 이 집단구성은 지적 및 사회적 성장을 억누른다. 또한 낙인이 찍히고 비하될 수 있으며 일반적으로 지역사회에 살고 있는 비장애인과 어울리는 것을 막는다. PICTURE는 낙인이 제거되고, 장애인이 단지 서비스로만 구성된 세상에 갇혀 있는 것이 아니라 주류 문화에 포함되는 것을 추구한다.

② 전인적 관점에서 바라본다

전통적인 간학문적 계획팀은 일반적으로 장애인 삶의 한 가지 측면만을 책임지는 전문가와 기술자로 구성된다. 예를 들어, 행동전문가는 문제행동을 감소시키고, 물리치료사는 움직임의 범위를 증가시키고, 언어치료사는 언어 기술에 몰두한다. PICTURE는 장애인의 어느 한 가지 측면에만 과잉 집중하지 않도록 참가자들에게 요구한다. 한 사람의 이력, 능력, 포부가 더 나은 삶의 모습을 구성하기 위해 어떻게 통합되는지 보려면 장애인 삶의 다양한 측면을 고려하거나 그/그녀의 전부를 보아야 한다.

③ 개별화

장애인은 그들의 관심을 추구하거나 그들이 원하는 것을 선택하거나 그들의 잠재력을 개발하는 것이 가능하지 않은 매일의 일과와 일정을 지내도록 자주 요구받는다. PICTURE는 개별적 의사결정을 도모하고 장애인의 경험을 확장시키고 그들의 능력을 개발시키고자 일과나 일정의 개별화를 추구한다.

④ 자연스러운 활동에의 참여

많은 지적장애인은 아무 할 일 없이 기다리는 데 많은 시간을 허비한다. 그들은 버스, 다음 식사 시간, 치료 등을 기다린다. 단조로운 활동으로 이루어진 부자연스러운 일정에서 비롯된 아무것도 하지 않는 상황은 많은 기관의 개별화되지 않고 체제중심적으로 조직화된 방식에서 야기된다. 이러한 오랜 기다림의 시간은 지루함을 야기하고 기회를 허비한다. PICTURE는 더 흥미롭고 생산적인 활동 패턴을 추구한다. 선호하는 기회의 자극은 자연스럽게 활동에 참여하도록 만든다.

⑤ 현재 상황에서 시작하고 가지고 있는 것을 활용한다

개인중심계획가는 서비스 체제와 그들이 제공하는 중재를 의심할 수 있지만 종사자가 그들에게 주어진 환경에서 최선을 다하고 있음을 이해한다. 또한 계획은 진공 상태에서 이루질 수 없다. 계획이 효과적이 되려면 장애인을 알고 있고, 그/그녀에게 서비스를 제공하며 관심을 갖고 있는 전문가의 정보와 지원이 필요하다. PICTURE는 개인중심 접근과 일치되는 전문 서비스 및 체제 구성요소를 버리지 않고 그것을 필요로 한다.

⑥ 기관 종사자가 지원자가 되어야만 한다

지적장애인을 지원하는 종사자는 그들의 직업을 열정을 가지고 시작하였으며 다른 사람을 돕는 것에 흥미가 있다. 그러나 너무나 자주 종사자는 돕는 역할로부터 벗어나 행정 역할에 갇히게 된다. PICTURE는 종사자가 더 건설적이고 창의적으로 일하도록 역량을 강화시키고자 하며, 이렇게 하여 장애인과 종사자 둘 다에게 더 만족할 만한 관계를 만든다.

⑦ 개인적 헌신

개인중심계획은 의무화 혹은 공식화된 서비스가 아니고 그것을 실행하고자 종사자를 고용하는 일도 좀처럼 일어나지 않는다. 종사자는 그들을 고용한 기관에서 특정 역할을 수행하고자 고용되었다. 그러므로 개인중심 접근으로의 전환은 계획 절차 동안 참가자들이 그들이 원래 하던 직무 이외의 무언가를 해야 함을 의미하며, 그것은 개인적 헌신을 요구한다. 팀원이 자발적으로 그 업무의 완수를 떠맡기 때문에 PICTURE의 목표가 성취된다.

⑧ 반응적 기관

지적장애인을 위한 대규모 서비스 체제는 수천 명의 종사자에게 직업을 제공하는 산업체가 되어 간다. 이러한 체제의 일부는 그들이 서비스를 제공하고 있는 장애인의 성장과 흥미보다는 체제의 생존을 도모하고자 체계화하는 관료체제가 되어 간다. PICTURE는 개인중심 지원과 서비스를 도모하기 위해 계획, 구조, 정책, 직원 배치, 자원 분배, 평가 형식을 변경하도록 기관에 영향을 미치고자 노력한다.

⑨ 가족을 참여시킨다

장애인이 사는 곳, 일하는 곳, 다니는 학교에 가족이 방문하면 종사자는 때로는 불편하다. 아버지, 어머니 혹은 다른 가족 구성원은 장애인의 돌봄과 치료에 대한 의견과 아이디어를 가지고 있을 수 있으나 그러한 아이디어가 프로그램에서 제공하는 것과 상반될 수 있다. PICTURE는 가족에게도 권한을 주고자 하며, 그들의 사랑하는 가족과의 정기적인 만남을 박탈당하고 저지당했던 가족들을 재결합시키고자 한다.

⑩ 지역사회 구성원이 반드시 참여해야만 한다

　우리는 때때로 지적장애인에게 충분한 건강과 안전을 제공하고자 하는 지역사회의 관심과 능력을 의심스러워한다. 그러나 많은 지역사회 구성원은 도움과 지원을 기꺼이 주고자 하나 기회의 부족으로 인해 지적장애인을 거의 마주치지조차 못하고 있다. PICTURE는 장애인이 지역사회로 돌아갈 수 있도록 장애인을 위한 지역사회 서비스와 지원의 개발을 촉진한다. 만약 장애인이 이미 지역사회에 살고 있다면 계획팀은 선호되는 지역사회 참여의 수준을 향상시켜야 한다.

　⑪ 진정한 우정은 지역사회에 있다

　중도장애인은 자주 같은 관심을 공유할 자연스럽게 생겨난 친구가 하나도 없다. 일부 지적장애인은 유급 직원과 다른 장애인과만 유일하게 교제한다. PICTURE는 모든 장애인이 진정한 우정의 기초를 형성할 수 있는 재능과 흥미를 가지고 있음을 인정한다. 진정한 우정 개발의 선수조건으로 장애인은 지역사회에 노출되고 지역사회 구성원은 장애인과 접촉해야만 한다.

11. PICTURE의 11가지 원칙 점검표

　이 점검표의 문항은 앞에서 서술된 PICTURE의 원칙과 일치한다. 여러분이 알고 있거나 지원하고 있는 장애인을 생각하고 해당되는 경우 각 질문 옆에 체크 표시를 하면 된다. 체크 표시가 많을수록 더 개인중심적인 생활양식을 누리고 있음을 의미한다. 만약 장애인이 개인중심계획에 참여하고자 한다면 중점을 두어야 할 영역을 알기 위해 사용할 수도 있다.

　①＿＿＿＿　장애인은 대집단 대신 1～2명의 사람과 지역사회에서 활동하며 많은 시간을 보낸다.

② _____ 장애인의 계획팀은 결함과 장애를 개선하는 방법에 대해 의논하기보다는 장애인의 더 나은 삶을 위한 방법에 대해 의논한다.

③ _____ 장애인은 해야 할 것, 가야 할 곳, 시간을 함께 보낼 사람과 같은 삶의 중요한 것을 선택한다.

④ _____ 장애인의 활동은 그/그녀의 관심과 관련된 것이다.

⑤ _____ 장애인은 지역사회에 유용한 공헌을 할 수 있도록 구성된 기술을 배울 수 있는 서비스를 받고 있다.

⑥ _____ 장애인을 지원하는 종사자는 그/그녀에게 정말 유용한 활동에 주로 참여하고 있다.

⑦ _____ 종사자는 장애인의 목표 성취를 도와주고자 전통적인 직무 이외의 것을 한다.

⑧ _____ 기관은 체제의 요구보다 장애인의 요구와 관심을 먼저 생각한다.

⑨ _____ 가족 구성원은 장애인을 방문할 때 환영받는다고 느끼고, 개선될 수 있는 방법에 대한 아이디어를 제공하도록 격려받는다.

⑩ _____ 지역사회에서 장애인을 알고 있고, 그/그녀는 지역사회 활동에 참여한다.

⑪ _____ 장애인에게는 지역사회에 살고 있는 친구가 있다.

제2장

PICTURE 실행 절차

제2장 PICTURE 실행 절차

1. 시작하기 전: PICTURE 절차의 성공 요인

다음 요인들이 PICTURE 절차의 성공에 기여한다.

1) 기관 차원의 지원

(1) 기관 승인 획득

기관에서 개인중심계획을 시작할 수 있는 방법은 많이 있다. 만약 그 과정을 이해하지 못해 마지못해 참여한 외부 참가자들이 있다면 그 과정은 효과적이지 않을 수 있다. 개인중심 접근에 대한 올바른 이해는 직원 교육, 영상 자료, 유포된 지면 자료 등을 통해 향상시킬 수 있다. 기관의 관할 주 내 지적장애 혹은 발달장애 관련 부서에서 그러한 교육 자료를 제공할 수도 있다. 기관의 책임자, 관리자, 직접 지원을 제공하는 직원, 임상가, 그 외의 기타 직원에게 이 책에 설명된 PICTURE 철학의 개관을 반드시 제공해야 하지만 인터넷도 자료를 찾을 수 있는 효과적인 방법이다(〈표 3〉 참조). 장애인과 그 가족이 그 과정에 포함되어 있음을 느끼는 것 또한 중요하다. 초기 반응은 "이미 하고 있는데."부터 "이건 절대 할 수 없어."까지 다양할 것이다. 개인중심계획에 전문성을 지닌 외부 자문가가 초기 교육을 담당할 것을 제안한다. 자문가는 일반적으로 지역의 비공식적 네트워크를 통해 찾을 수 있다. 〈표 3〉은 교육을 제공하는 웹사이트를 소개한다. 어떤 경우라도 새로운 원칙을 이해하고 일해 오던 방식을 바꾸는 것이 보기만큼 쉽지 않으나 기관의 전반적인 토대 위에 개인중심계획 개념을 도입하려는 초기 시도는 노력할 만한 가치가 있다.

● <표 3> 개인중심계획 관련 인터넷 자료

교육 자료	인터넷 주소
Inclusion Press	www.inclusion.com
Quality Mall	www.qualitymall.org
Community Works	www.communityworks.info
Person Centered Planning Education Site	www.ilr.cornell.edu/ped/tsal/pcp
The Beach Center on Disability	www.beachcenter.com
Capacity Works	www.capacityworks.com
Person-Centered Planning	www.unc.edu/depts/ddti/pages/pcptext.html
Going Far Project	http://www.tash.org/mdnewdirections/index.htm
The Learning Community for Essential Lifestyle Planning	www.elpnet.net

(2) 조직문화 내 개별화 도모

일부 장애 관련 기관의 조직문화는 거의 개별화되지 않은 체제 접근을 반영한다. 이는 때로 '쿠키커터' 혹은 '만능 접근'이라고 불린다. 장애인에게 초점을 맞추는 대신 직원, 행정가, 인프라 모두는 개별화보다는 효율적이고 경제적인 문화를 반영한다. 보유 차량조차도 그러한 문화를 반영하는 데 더 많은 수의 장애인을 쉽게 이동시킬 수 있는 눈에 띄는 12~15인승 승합차를 사용한다. 규모가 큰 기관이 이러한 방식으로 서비스를 제공할 것 같지만 그러한 조직문화를 가진 기관이 반드시 규모가 큰 것은 아니다. 개인중심계획, 특히 PICTURE는 개인중심계획이 성공하도록 조직문화의 수정을 추구한다. 기관의 중간계층과 상위계층에서의 구조적 및 기능적 변화는 많은 경우에 필수적이며, 기관의 최상위 행정계층 차원의 지도와 지원을 필요로 한다.

(3) 지역 자문위원회 고려

개인중심계획의 가장 중요한 목적 중 하나는 지역사회 내 사람들을 연결하는 것이기 때문에 개인중심 기관은 지역 자문위원을 두는 것이 유용하다. 그 자문위원의 목적은 지역사회 통합을 촉진하고, 장애인이 지역사회에 참여하고자 할 때 그것이 실현되도록 돕는 것이다. 자문위원은 지역사회와 잘 연결되어 있는 영향력 있는 사람이어야 하고, 개인중심계획의 목적을 추진할 수 있는 자원에 대해 잘 알고 있어야 한다. 자문위원의 역할을 할 수 있는 사람의 예로는 은행원, 부동산 중개업자, 여가활동 지도자, 고용주, 성직자, 사업가가 있다.

이러한 지도자들은 지역사회 구성원을 강화시키는 시작점이 될 수 있고, 다른 사람들이 따를 수 있는 본보기가 될 수 있다. 예를 들어, 대형 백화점의 매니저는 언어와 쓰기에 어려움을 지니고 직무를 습득하기 위해 특별한 지원이 필요한 Karen의 구직면접 시험을 도왔다. 그러한 지원이 없었다면 그녀는 지원서 제출과 면접 과정을 거치지 못했을 것이다. 더 극적인 사례는 지적장애인이 이웃에 거주하는 것을 반대하는 주민집단이 참가했던 지역회의 동안 일어났다. 이러한 반응을 예상한 기관의 박식한 지역 자문위원 2명이 회의에 참석하였다. 그들은 자산의 가치가 영향을 받지 않을 것임을 알리고 장애인을 이웃으로 받아들이는 것의 긍정적 측면을 직접적으로 설명하였다. 이러한 진술은 설득력 있고 효과적이었다.

(4) 개별화 서비스를 지원하는 기관역량 증진

체제중심 접근에서 개별화 서비스 환경으로 옮겨 가는 것은 이전에는 서비스를 개별화하는 역량을 갖추지 못했던 기관이라 하더라도 반드시 해야 할 책무이다.

이러한 의지 없이 개인중심계획은 제대로 이루어지지 않을 것이다. 진정으로 개별화된 서비스를 도모하고 지원하기 위해 일부 기관은 변혁을 감내해야만 한다. PICTURE 방법은 상호적 접근을 사용하여 이러한 과정을 용이하게 한다. 개별화된 지원과 서비스 계획을 지지하려면 기관은 기관 차원의 지원을 조정하고 유지할 수 있도록 계획팀의 성공과 장애물에 대해 잘 알고 있어야만 한다. 이 책은 서비스 기관 내 개인중심성의 정도를 평가하고, 이를 기관을 위한 피드백으로 활용할 수 있는 조직관리 점검과 평가도구를 포함하고 있다. 더 구체적으로 PICTURE 방법은 자기평가 과정을 제공하여 관리팀의 주요 구성원이 ① 기관 내 조직문화를 평가하고, ② 개인중심계획 팀이 맞닥뜨릴 장애물을 평가하고, ③ 개별화 서비스를 촉진하는 기관지표 점검표를 활용하여 개별화 서비스에 대한 그들의 역량을 검토하도록 한다(제3장 참조).

2. 유능한 팀의 자질

1) 효과적인 촉진자

촉진자는 PICTURE 절차에서 핵심이며, 다양한 방법으로 팀의 다른 사람에게 본보기가 된다. 촉진자는 회의를 구조화하고 진행하며, 팀이 통합, 우정, 개인적 자율성과 같은 주요 목표 및 가치에 집중하게 한다. 촉진자는 합의를 통해 계획을 성취하기 위한 방법을 찾도록 돕고, 계획의 완수를 위해 약속을 얻어 낸다. 참여가 저조한 시기나 팀이 문제의 해결 방법을 모를 때 촉진자는 팀을 단결시킨다. 촉진자가 힘든 순간을 버티면 팀의 나머지 구성원도 똑같이 견딜 것이고 팀의 화합은 강해질 것이다. 하지만 촉진자 혼자서 그 일을 하지는 않는다. 촉진자가 낙관주의와 인내의 본보기를 보여 주면 장애인의 더 나은 삶을 만들기 위한 그 노력에 팀 구성원도 동참할 것이다. 효과적인 촉진자의 특성은 다음과 같다.

- 경청한다.
- 다른 사람을 격려하고 역량을 증진시킨다.
- 협력을 도모한다.
- 정보를 명료하게 만든다.
- 혁신을 격려한다.
- 융통성을 유지한다.
- 긍정적이다.
- 다양한 견해를 장려한다.
- 다른 사람을 강화한다.

앞서 열거된 필수 기술을 지닌 기관 종사자가 촉진자가 될 것을 제안한다. 따라서 사회복지사, 임상가, 직접 지원을 제공하는 직원, 관리자가 촉진자가 될 수 있다. 개인중심계획 시도를 촉진하기 위해 전문 학위나 자격증이 요구되지는 않는다.

2) 차트 활용

PICTURE의 가장 중요한 전략 중 하나는 계획을 개발할 때 그것을 기록하는 것이다. 차트 그 자체가 계획 과정을 기록하며, 장애인의 목표 달성을 향한 진전을 평가하는 데 사용될 수 있다. 차트는 계획팀의 발언을 팀 구성원 모두에게 명확하고 시각적인 형태로 제시해 준다는 점에서 중요하다. 모든 차트가 벽에 걸려 있을 때 팀은 장애인의 흥미, 계획에 필수적인 구성요소, 가치 있는 성과를 달성하는 데 필요한 단계들을 명심할 수 있다. 차트는 일종의 집단 기억(group memory)으로 기능한다. 때때로 기록하기 전에는 보이지 않던 패턴이 차트를 통해 드러난다. 촉진자가 공유된 정보를 토대로 장애인의 삶의 모습을 체계적으로 구성해 가는 중에 팀 구성원이 "전혀 몰랐던 거예요."라고 말하는 소리를 듣는 것은 흔한 일이다. PICTURE 진행 과정 동안 장애인에 대한 새로운 정보를 알게 되었을 때, 차트는 언제든지 수정될 수 있다.

3) 합의 도출

모든 팀 구성원이 긍정적인 의도를 갖고 있지만 항상 동의에 이르는 것은 아니다. 의사결정은 팀 구성원 사이의 논의와 합의를 통해 이루어진다. 의견차가 있을 수 있지만 팀의 각 구성원은 팀의 종합적인 평가를 지지하므로 의사결정은 마지못한 타협이라기보다는 일반적으로 팀 구성원에 의해 받아들여진다. 팀은 반드시 함께 일해야 한다는 점에서 합의를 도출하는 것은 중요하며, 이는 장애인이 목표를 성취할 수 있는 유일한 방법이다. 팀이 최소제한환경에서 높은 삶의 질을 가능하게 하는 해결책을 찾으려고 노력할 때 위험과 안전의 쟁점은 항상 존재하며 보통 팀 구성원 간 및 장애인과의 협의가 필요하다.

4) 문제해결

개인중심계획은 관심을 갖고 헌신하는 사람들이 함께 모여 장애인의 삶과 목표에 대해 의논하는 것 이상이다. 해결될 수 없을 것처럼 보이는 문제를 해결할 수 있다는 것이 한 가지 중요한 구성요소이다. 예를 들어, Hal의 계획을 수립하면서 Hal과 함께 일하는 전문가 및 그의 가족이 느끼는 주요한 두려움을 알게 되었다. 그는 빨리 달리며 도로에서 차가 오는지 살피지 않고 길을 건너는 것을 무척 좋아하였다. 모든 사람은 그가 밖에 나가면 도로로 뛰어들어 지나가는 차에 사고를 당해 다칠까 걱정했다. 그가 달리는 이유는 두 가지로 드러났다. ① 길 건너편 가게로 가서 사탕을 먹기 위해서, ② 운동으로 달리기를 좋아해서이다. 팀은 위험을 줄이기 위해 ① 주의해서 길을 건너면 가게에서 사탕을 살 수 있음을 교수하고, ② 러닝트랙에서 규칙적으로 달리기를 할 수 있도록 하였다.

5) 충실함–행동으로 실천

모든 중재의 핵심 요구사항은 구체화된 절차에 따라 실행하는 정도이다. 개인중심계획은 복잡한 중재로 구성요소 중 일부가 생략되기 쉽다는 점에서 특별하다. 그 과정의 많은 부분을 양보하면 장애인은 유의미한 삶의 변화를 실현하지 못할 수도 있다. PICTURE 절차가 적절하게 실행되도록 하기 위해 계획팀과 촉진자가 그 절차를 충실하게 실행한 정도를 평가할 수 있는 두 가지 평가도구가 개발되었다. 이 평가도구는 개인중심계획 촉진 충실도 평가와 개인중심계획 팀 실행도 평가로 제4장에 제시되어 있으며, 그 과정을 얼마나 잘 실행했는지를 평가한다. 그 평가도구는 계획팀이 계획을 진행하는 동안 실행 과정을 수정할 수 있도록 촉진자와 계획팀에 피드백을 제공하기 위해 사용될 수도 있다.

3. 장애인에게로 통제권 전환

1) 더 많은 의사결정은 더 많은 책임을 의미한다

권한이 체제에서 장애인으로 옮겨지는 개인중심계획에서는 장애인이 어디서 살아가고, 무엇을 하고, 누구와 함께 하고, 언제 할 것인지를 오랫동안 결정해 온 행정가, 정책가, 전문가에게 사고의 전환을 요구한다. 따라서 첫 번째 요구사항은 기관 승인이다. 계획의 첫 단계는 서비스 체제 내 종사자가 장애인의 삶에 대해 얼마만큼의 통제권을 가지고 있었는지를 확인하는 것이다(체제의 종사자는 이러한 불균형에 대해 비난받지 않아야 한다. 체제가 조직화된 방식, 체제의 목표, 질책을 받을 만한 만연한 중재 철학이 비난받아야 한다). 하지만 권한의 양도는 장애인이 자신의 결정에 책임을 져야 함을 의미한다. 만약 장애인의 포부가 건강 혹은 안전을 위협한다면 팀 구성원에 의해 협의와 타협이 이루어지는 것이 적절하다(건강과 안전에 대립되는 쟁점, 유용한 자원, 다른 사람이 장애인을 위해 바라는 것의 협의를 위해서는 Smull, 1998과 Smull & Lakin, 2002 참조).

2) 장애인이 진정으로 원하는 것이 무엇인가

장애인에 의한 의사결정을 촉진하는 첫 번째 단계는 자신의 의견을 제시할 수 있도록 격려하는 것이다. 이는 장애인 당사자가 선호도나 선택을 표현할 때 팀 구성원이 그것을 경청해야 함을 의미한다. 그 의견이 비합리적으로 들릴지라도 그것을 묵살하거나 무시하기보다는 신중하게 고려하라. 그 선택이 명백하게 건강이나 안전을 위협한다면 팀 구성원은 기존의 아이디어의 요소들을 포함하며 더 실현 가능한 대안에 대해 협의하기 시작해야만 한다. 장애인에게도 의견을 요청하여 대안적 아이디어에 대한 협의에 계속해서 참여시켜라. 장애인이 참여하기를 꺼리면 의사결정의 경험이 없기 때문일 수도 있으니 팀 구성원은 천천히 그리고 친절하게 참여를 유도할 필요가 있다. 장애인이 그 쟁점을 이해하지 못한다면 팀 구성원은 그/그녀가 이해할 수 있는 말로 그 쟁점을 반드시 바꾸어 말해야만 한다.

3) 존중

때때로 장애인을 존중하며 대하는 데 실패한다. 가장 기본적인 고려사항은 계획 과정에 장애인이 참여해야 한다는 것이다. 논의 중에 장애인과 눈을 맞추어야 하며 장애인이 그 자리에 없는 것처럼 이야기하는 것을 삼가라. 장애인은 어린아이가 아니라 성인으로서 고려되어야만 한다. 장애인과 그 포부에 대해 긍정적 태도를 보이는 것은 중요하다. 이는 팀 구성원이 장애인의 목표 성취가 얼마나 어려운지에 집중하기보다 장애인 자신이 추구하는 바에 있어 성공할 수 있고 준비할 수 있음을 믿는다는 것을 의미한다. 장애물은 무시되지 않고 확인되고 건설적인 방법으로 다루어져야 한다. 또 다른 고려사항은 주제에 집중하는 것과 관련된다. 어려운 문제해결 과정 동안 별로 관련이 없는 이야기로 빠지기 쉬우므로 대화가 주제를 벗어나기 시작했다면 촉진자는 장애인 및 계획의 목적으로 대화를 되돌려야만 한다.

4) 정기적인 질적 평가 시행

팀이 충실하게 PICTURE를 실행할 때 장애인의 삶에 수많은 변화가 동시에 다양한 영역에서 발생하곤 한다. 변화는 빠르게 나타나거나 중요한 계획이 실행된 이후 언뜻 보기에는 갑작스럽게 발생할 수 있다. 어떤 경우라도 그 진전은 직선적인 형태로 일어나지 않는다. 이러한 변화들이 발생할 때 성공은 극복해야 하는 부가적인 도전도 만들어 내는 것이 일반적이다. 장애인의 경험에 대한 정기적이고 신중한 평가는 팀 구성원이 발생한 변화의 유형과 범위를 고려하게 한다. PICTURE는 장애인이 경험하고 있는 지역사회 활동의 빈도와 유형뿐 아니라 다양한 삶의 영역에서 삶의 질 평가를 가능하게 하는 평가도구를 포함한다. 이러한 정보는 그 경험을 평가하고 중요한 쟁점을 다루는 지침으로 활용될 수 있다.

4. 회의 진행: 단계별 지침

1) 1단계: 장애인에 대해 알아가기

(1) 첫 만남

아직 장애인에 대해 잘 알지 못하는 촉진자는 그를 알아 가기 위해 얼마간 그/그녀와 편안한 시간을 보내는 것이 좋다. 이와 같은 첫 만남은 라포를 형성하게 하고, 촉진자로 하여금 장애인의 상황에 익숙해지게 한다. 아울러 촉진자와 장애인에게 서로의 삶을 알아 갈 수 있는 기회를 제공한다.

(2) 소개회의 진행하기

이 회의에서 촉진자는 PICTURE 접근을 설명하고, 장애인과 몇몇 주요 관련인의 참여 여부를 결정한다. 장애인에 대해 잘 알고 있을 뿐 아니라 장애인이 편안하게 느끼는 직원 한 명이 반드시 함께해야 한다. 가족 구성원이나 친구들 또한 함께할 수 있다. 그 과정을 설명하면서 촉진자는 회의의 목적과 시작 방법, 장애인의 역할, 이러한 노력을 통해 얻게 될 유익에 대하여 안내한다. PICTURE 접근에 대해 설명한 후, 장애인이 이 과정을 시작할 것에 동의하면, 촉진자는 배경정보를 획득하고, 장애인의 계획팀에 관심을 가질 것으로 보이는 사람을 확인하는 것과 같은 후속 회의를 준비하기 위한 정보를 수집한다. 회의 장소의 분위기는 편안하고 산만하지 않아야 한다.

① 회의 참석자 소개하기

② PICTURE 접근 설명하기: 개인중심계획의 철학과 접근방법에 대하여 간략하게 설명하고, 개별화 서비스, 의사결정, 지역사회 구성원과 같은 주요 요소를 강조하면서 개인중심계획과 전통적인 계획 간의 차이에 대하여 논의한다. 각각의 질적 차이를 비교하면서 전통적인 회의와 대조적으로 개인중심계획 회의에서 진행되는 일에 대하여 설명한다.

③ 사전정보 수집하기: 장애인의 일과와 활동에 대하여 논의하고, 그/그녀가 자신의 미래에 대한 한두 가지 바람 또는 꿈에 대하여 나눌 수 있도록 격려한다. 이러한 논의는 장애인이 계획 회의(planning meeting)의 목적을 이해하고, 촉진자가 첫 번째 계획 회의에서 사용할 차트 순서를 구상하는 데 도움을 줄 것이다.

④ 팀 구성원 확인하기: 일반적으로 장애인의 삶에 영향을 미치는 것에 관심이 있는 다양한 사람으로 구성된 팀은 중요한 결과를 만들어 낼 수 있다. 이상적으로, 팀은 촉진자, 장애인, 가족 구성원, 친구(예: 동료, 이웃, 지역사회 주민), 관심 있는 임상가, 그리고 지원 인력처럼 장애인이 선호하는 기관 직원으로 구성되어야 한다. 누구를 초청할지 고려할 때 창의적인 사고, 지역사회 자원에 대한 지식, 가족 자원에 관한 지식이 중요한 질적 요소가 될 수 있음을 명심해야 한다. 이름, 연락처, 그 외의 유용한 정보를 수집하라.

⑤ 공동촉진자 고려하기: 개인중심팀 구성원이자 기관 직원을 공동촉진자로 두는 것은 유용할 수 있다. 절차가 진행되는 내내 촉진자가 공동촉진자에게 조언을 제공할 수 있도록 이는 사전에 계획되어야 한다. 이 방법을 통해 공동촉진자는 계획 진행 과정을 방해하지 않고도 완전한 촉진자의 역할을 취할 수 있다.

⑥ 다음 회의 계획하기: 회의 시간과 장소를 정하거나 추후에 확정하기 위해 잠 정적인 시간과 장소를 정하라. 회의는 장애인을 지원하는 기관의 장소를 포 함하여 어느 곳에서든 열릴 수 있다. 지역사회 내의 장소는 통합에 대한 강 한 메시지를 전달한다. 계획이 진행됨에 따라 회의 장소는 바뀔 수 있다. 예 를 들면, Hal의 경우 첫 회의는 그의 부모님 댁에서 진행하였고, 이후 회의는 Hal이 주로 이용하는 기관뿐 아니라 앞으로 이용하게 될 주간 프로그램 기 관, 지역사회 거주시설에서 이루어졌다.

⑦ 회의 이후 준비하기: 잠재적인 팀 구성원을 초대하고자 할 때, 개인중심계획 의 일반적인 접근방법, 목적, 과정에 대하여 명확하게 설명하라. 가능하다 면 장애인이 회의 시간과 장소를 포함한 초대장을 작성하여 우편이나 이메 일로 발송할 수도 있다. 회신해 달라는 것을 잊지 말라. 예비 팀 구성원에게 PICTURE에 대한 정보를 보내는 것도 좋은 생각이다.

촉진자 팁　삶의 모습 회의 준비하기　◆◆◆

생산적인 개인중심계획 회의가 진행되기 위해서는 많은 사전 준비가 필요하다. 안정 된 시작을 위해서 다음과 같은 준비가 필요할 것이다.

- **장애인**: 장애인은 반드시 회의에 참석해야 한다. 장애인의 편의를 고려하여 날짜와 시간을 정해야 한다.
- **장소**: 차트(wall charts)를 붙일 수 있는 충분한 공간이 있는 장소에서 회의를 개최 한다. 장애인과 관련된 사안에 대하여 장애인과 팀 구성원들이 자유롭게 이야기할 때 편안함을 느낄 수 있는 충분히 사적인 공간이어야 한다. 장애인이 이용하는 기 관에서 멀리 떨어진 곳에서 개최하는 회의는 방해를 덜 받게 되며 새로운 아이디어 를 촉진할 수 있다.
- **좌석**: 장애인, 가족 구성원, 기관 외부 참여자들을 앞자리에 앉게 하여 참여를 촉진 하라. 차트는 반드시 잘 보여야 한다.

- **다과:** 다과는 생활양식의 변화를 계획하는 데 필수적인 구성요소처럼 들리지 않을 수 있지만, 음식과 음료는 참여자들에게 어떤 메시지를 전달한다. 이는 편안한 분위기에 기여하고 사회적 과정을 촉진한다.
- **차트 자료:** 도표는 PICTURE의 고유한 특징이자, 초기 계획 단계에서 특별히 중요한 요소이다. 중요한 부분을 차트 종이에 기록하는 것은 의사소통과 문제해결에 도움이 된다. 차트는 계획 과정과 성과의 연속성, 명료성, 의견을 위해 이후 회의에서 게시될 수 있다.
- **강력한 팀 구성:** 장애인, 가족 구성원, 친구, 관련 있는 직원, 그 외에 계획이나 실행에 추가될 수 있는 사람을 포함하여 장애인을 위한 주요한 변화를 위해 기꺼이 일하고자 하는 사람들을 미리 확보하고자 노력하라. 만약 참석자들이 모두 기관 종사가 될 경우, 그 과정은 간학문적 팀 회의처럼 보이게 될 것이다.

2) 2단계: 현재와 미래 삶의 모습 그리기

(1) 장애인에 대한 전인적 관점

개인중심계획인 PICTURE 방법은 우선 장애인의 삶의 질의 여덟 가지 영역에 대한 모습을 그림으로써 발달장애인의 삶을 개선하는 데 초점을 둔다.

① 관계
② 주거
③ 직업, 학교, 주간활동
④ 지역사회 참여
⑤ 지역사회 역량
⑥ 존중
⑦ 신체적·행동적 건강
⑧ 선호도와 선택

촉진자가 이끄는 회의 동안 팀이 제공한 정보를 토대로 차트가 작성되면서 그림
이 나타난다. 8개의 차트 각각은 두 가지로 나뉘는데 하나는 현재 장애인의 삶을
반영하고 다른 하나는 미래의 삶이 어떠할지에 대한 꿈과 희망을 보여 준다. 여덟
가지 삶의 질 영역 각각에서 삶의 변화를 바라지 않을 수도 있으나, 장애인에 대한
전인적 관점을 갖고자 우리는 각 영역을 검토할 것을 제안한다.

　　현재와 미래 삶의 모습을 그리기 위해 한 번 이상의 회의가 필요할 수도 있고,
일부 영역은 다른 영역보다 더 강조될 수 있다([그림 1] 참조). 정보가 추가됨에 따
라, 이전에는 통합되거나 나타나지 않았던 장애인의 삶에 대한 견해가 펼쳐지게
된다. 그러한 견해는 장애인의 삶이 더 나아질 수 있는 방법에 관여하고 있는 모
든 사람에게 선명해지며, 이때가 계획 과정에서 팀이 공동의 목적과 협력할 동기
가 생겨나는 시점이다.

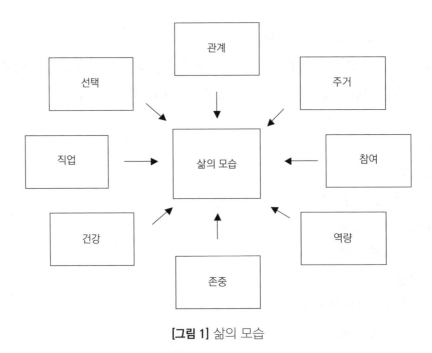

[그림 1] 삶의 모습

모든 사람이 볼 수 있는 큰 종이에 기록된 정보는 전반적으로 집단 결속력을 도모하고 계획 진행을 향상시킨다. 평범한 차트 종이 또는 벽면에 부착할 수 있는 종이면 충분하다. 크고 다양한 색상의 마커는 장애인과 나머지 팀원에게 도움이 될 수 있는 주제나 대조를 명시하는 데 사용된다. 예를 들면, 바람직하지 않은 내용은 적색, 바람직한 내용은 녹색, 중립적인 내용은 청색이나 흑색으로 기록할 수 있다. 촉진자는 질문하고, 경청하고, 참여를 독려하고, 차트에 답변을 기록하는 복잡한 업무를 수행한다.

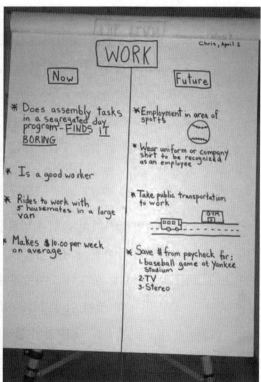

(2) 삶의 모습에 대한 회의 진행

① 팀 구성원 소개하기: 팀원들이 서로를 편안하게 느끼는 것은 중요하다. 이들은 장애인의 포부를 명확하게 하기 위해 앞으로 만날 것이고, 합의, 문제해결, 계획을 마무리 짓는 책임을 맡아 그러한 포부가 실현될 수 있도록 함께 일할 것이다.

② 회의 목적 설명하기: 첫 번째 회의 때처럼 개인중심계획의 철학과 접근에 대하여 간단하게 설명하고, 개인중심계획과 전통적인 계획 사이의 주요 차이점에 대하여 논의하라.

③ 기본 규칙 만들기: 이것은 중요한 단계이며 어렵지 않다. 토론과 문제해결 과정을 도모하는 규칙을 제안하도록 팀을 참여시키고, 차트에 기록하라. (규칙은 초기 회의에서 누구나 볼 수 있도록 하며, 후속 회의에서 검토되거나 게시되는 것이 필요할 수 있다.) 촉진자가 첫 번째 규칙을 제안하여 그 활동을 시작하거나 팀이 일부 또는 모든 규칙을 만들 수도 있다. 합의가 필요하기 때문에 이것은 팀이 집단으로 상호작용하는 첫 시간이 될 것이다. 제안될 수 있는 규칙은 다음과 같다.

- 장애인 당사자의 관심과 바람을 논의의 중심으로 유지하기
- 타인의 관점을 경청하기
- 긍정적으로 사고하고 이야기하기
- 한 번에 한 명씩 이야기하고 잡담을 삼가기
- 정보를 제공할 때 타인의 감정에 민감하기
- 인내심을 가지며 모든 사람의 말과 생각, 특히 장애인의 말과 생각을 존중하기

④ 첫 번째 삶의 질 영역에 대한 현재 삶의 모습을 개발하라([그림 2] 참조). 촉진자는 장애인과 다른 팀원들로부터 그/그녀의 삶을 있는 그대로 묘사할 수 있는 정보를 수집한다. 현재 삶의 상황은 팀이 장애인을 위한 더 나은 삶의 질을 계획하

는 데 참고 자료 혹은 시작점이 될 것이다.

관계 그림부터 시작하라. 종이의 가장 위쪽에 관계를 적고, 종이를 세로로 반으로 나누라. 왼쪽 세로 단에 현재의 삶(또는 유사한 제목)이라고 제목을 적으라. 각 사람의 이름과 장애인의 삶에서 그들의 역할을 기록하라. 세부사항의 양은 장애인의 삶에 관여된 사람들이 얼마나 많은지에 달려 있다. (설령 현재 장애인의 삶에서 중요하지 않더라도 만나고 있는 참가자들을 반드시 포함시키라.)

선택 차트에 대한 메모: 선택 차트는 PICTURE에서 가장 다용도로 사용 가능한 차트이다. PICTURE 과정의 초반에 장애인이 자신의 삶에서 가장 즐기는 것과 가장 잘 할 수 있는 것이 무엇인지 밝히는 데 사용될 수 있다. 또한 그 과정에서 누락되었을 수 있는 다른 관심을 확인하는 방법으로 마지막에 도입될 수도 있다. 따라서 장애인의 상황과 차트를 만드는 과정에 따라 '선택'은 촉진자가 ① 내가 좋아하는 것 vs. 내가 더 하기 원하는 것, ② 내가 좋아하는 것 vs. 내가 싫어하는 것, ③ 내가 지금 하고 있는 선택 vs. 내가 하고 싶은 선택과 같이 대조되는 것을 표로 만드는 것을 가능하게 한다. 선택 차트 내용의 많은 부분은 다른 차트의 내용과 겹칠 것이고, 이러한 중복은 장애인의 미래 PICTURE의 가장 중요한 특징을 강조하는 경향이 있다.

⑤ 다음으로, 첫 번째 삶의 질 영역의 미래 삶의 모습을 개발하라. 이 단계에서 촉진자는 팀이 장애인의 꿈과 포부를 염두에 두고, 미래의 삶을 상상하는 데 혁신적이 되도록 격려한다. 이 시점에서는 삶이 어떻게 여덟 가지의 각 영역에서 더 나아질 수 있을지에 대한 완벽한 모습을 그릴 필요는 없다. 이러한 정보는 계획 과정을 통해 채워질 수 있다.

장애인의 현재 관계를 기록한 후, 미래 관계가 어떠할지에 대한 모습을 개발하라. 예를 들면, 미래 관계를 위해서 장애인은 다른 룸메이트 만나기, 여자 친구 찾기, 교류가 거의 없는 친척과 다시 연락하기, 현재 친구들과 더 많은 시간 보내기 등을 바랄 수 있다. 차트의 다른 쪽에는 가능한 삶(또는 유사한 제목)과 같은 제목 아래에 미래 모습을 기록하라.

⑥ 나머지 삶의 질 영역에서도 4단계와 5단계를 반복하라. 여덟 가지 삶의 질 영역에 대한 각각의 차트 개발을 위해 '삶의 모습 개발을 위한 추천 질문'을 참고하라. 이 단계를 완성하려면 한 번 이상의 회의가 필요할 수 있다.

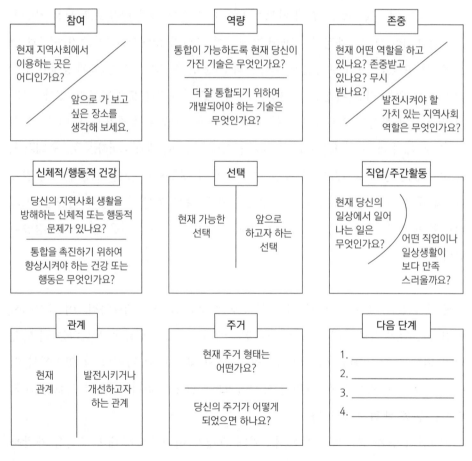

[그림 2] 현재와 미래 PICTURE

⑦ 현재와 미래 모습을 요약하라. 회의를 마무리 짓기 전에 각 모습을 검토하라. 이러한 요약 단계에서 선명하지 않거나 제대로 정의되지 않은 주제를 명확하게 하고, 차트에 부가적 정보를 제공하도록 팀원을 격려하라. 더 많은 정보를 이후에 추가할 수 있다는 사실을 상기시키라.

⑧ 평가 요소를 소개하라. 이 책의 제4장에 제시되어 있는 기관, 계획팀, 개인적인 성과를 평가하는 근거와 과정을 간략하게 살펴보라. 이 시점에서 몇 가지 평가가 설명될 수는 있으나, 평가도구 실행을 설명하거나 계획하는 시간은 아니다.

⑨ 다음 회의를 위해서 준비해야 하는 일을 결정하라. 이 시점에서 새로운 사람을 팀원으로 영입하는 것은 현명하지만 일반적으로 삶의 모습을 개발하는 데 필요한 후속 작업이 많지 않아야 한다. 그러나 논의 과정 동안 계획의 완수를 위해 당면한 요구들이 분명해질 것이며, 이때가 요구되는 행동과 그 책임자, 예상되는 종료 시기가 명확해지는 시점이다. 이러한 내용은 다음 단계([그림 2] 참조)라는 제목의 차트에 기록되어야 한다.

⑩ 팀과 함께 다음 회의 날짜와 시간, 장소를 정하라. 다음 회의는 미래 모습 개발의 연속이 될 것이다.

[그림 3] 삶의 모습/목표/전략

다음의 질문은 현재의 삶과 어떻게 더 나은 삶이 될 것인가에 대한 생각과 논의를 고무하고자 구상되었다. 일부 질문은 한 가지 이상의 삶의 질 영역과 관련되어 있다.

3) 삶의 모습 개발을 위한 추천 질문

(1) 관계

- 장애인은 누구와 함께 살고 있나요?
- 장애인이 함께 일하거나 주간활동을 함께 하거나 학교에 함께 가는 사람은 누구인가요?
- 가족은 누가 있나요? 장애인의 삶에 관여하는 가족 구성원은 누구인가요?
- 지역사회에 있는 누구와 연락을 하고 지내나요? 친구는 누가 있나요?
- 장애인이 가장 많이 접촉하는 직원은 누구인가요?
- 장애인과 잘 지내는 사람은 누구인가요? 장애인이 싫어하는 사람은 누구인가요?
- 장애인을 도와주는 사람은 누구인가요? 장애인이 도와주는 사람은 누구인가요?
- 강화되거나 중단되어야만 하는 관계가 있나요?

(2) 주거

- 장애인이 거주시설에서 살고 있다면 동거인, 거주시설 직원과 잘 지내나요?
- 장애인이 가족과 함께 살고 있다면 가족 관계는 어떤가요?
- 집이 잘 유지·보수되고 있나요? 이웃은 안전한가요?
- 개인적인 공간이 충분한가요?
- 장애인이 그 집을 좋아하나요?
- 그 집은 쇼핑몰, 음식점, 예배 장소 등의 이용이 편리한가요?
- 장애인이 어떤 방식으로든 집의 유지관리에 참여하나요?
- 장애인이 어떤 집안일을 언제할지 선택하나요?

(3) 직업, 학교, 주간활동

- 물리적 환경은 깨끗하게 잘 유지되고 있나요?
- 건물의 외관이 어떤 이유로든 그 자체로 부정적 주의를 불러일으키나요?
- 친구, 직장 동료, 직원은 친근하고 지지적인가요?
- 비장애인들과도 상호작용이 있나요?
- 작업장, 학교, 주간 프로그램은 지역사회에서 분리되어 있나요?
- 장애인이 직업이 없다면 자원봉사는 할 수 있나요?
- 성장과 발전을 도모하는 교육 또는 훈련의 기회가 있나요?
- 직업, 학교, 주간활동이 장애인으로 하여금 자부심이나 긍지를 갖게 하나요?

(4) 지역사회 참여

- 장애인은 교회, 야구, 볼링, 수영, 영화, 공원, 미술관, 나들이, 지역사회 내 경기를 위해 어디로 얼마나 자주 가나요?
- 그곳에 가는 것을 좋아하나요? 싫어하나요?
- 장애인은 식품점, 쇼핑몰, 미용실, 은행, 음식점을 얼마나 자주 방문하나요?
- 이동수단은 무엇인가요? 동행하는 사람은 있나요?
- 장애인은 소비할 돈이 있나요?
- 장애인은 지역사회에 거주하는 친구나 가족 구성원들을 방문하나요?
- 어떻게 하면 장애인이 새로운 장소를 더 많이 경험하고 선호하는 더 많은 장소를 방문할 수 있나요?

(5) 지역사회 역량

- 장애인은 의미 있는 직업 또는 사회적 역할로 이끄는 기술을 배우고 있나요? 이 기술들은 지역사회의 생산적인 구성원이 되는 것을 촉진하나요?
- 상점, 영화관, 공연장, 박물관, 헬스클럽, 도서관 등에서 사람들과 어떤 유형의 상호작용을 하나요?

- 장애인은 자기관리, 의사소통, 사회적 상호작용을 향상시키기 위한 교육을 받고 있나요?
- 장애인은 지역사회로 거처를 옮기거나 지역사회에서 계속 생활할 수 있는 가능성을 높일 만한 기술을 배우고 있나요?
- 기술을 연습할 기회가 제공되나요?
- 원하거나 필요한 것을 알릴 수 있는 기회가 있나요?
- 장애인은 공식적인 직업 개발 훈련이 필요한가요?

(6) 존중

- 장애인의 환경과 활동들이 자존감과 존중을 향상시켜 주나요? 아니면 낙인을 찍고 있나요?
- 장애인은 대부분의 구성원이 장애인인 집단에 속해서 이동하나요?
- 장애인은 기관명이 눈에 띄게 적혀 있는 승합차를 타고 직장, 학교 또는 다른 활동으로 이동하나요?
- 입은 옷이 깨끗하고 유행에 맞나요?
- 장애인의 행동이 자신을 다른 사람들로부터 구별하게 만드나요?
- 장애인의 직업은 사회에 공헌하나요?
- 장애인은 자신의 목표로 이끄는 학교 또는 훈련 프로그램에 등록되어 있나요?

(7) 신체적 · 행동적 건강

- 장애인이 의사를 선택할 수 있나요? 의사와 좋은 관계를 맺고 있나요?
- 혼자 약을 복용할 수 있나요, 아니면 도움이 필요한가요? 복용약에 문제가 있나요?
- 운동을 하고 건강하게 음식을 섭취하나요?
- 건강과 안녕을 증진시켜 주는 선호하는 활동에 얼마나 자주 참여하나요?
- 건강관리나 행동 지원을 적절하게 받나요?

- 장애인의 도전행동이 있다면 그 행동을 다루고자 응용행동분석이나 행동치료를 받나요?

(8) 선호도와 선택

- 직업이 있다면 장애인은 그 일을 즐기나요? 그 직업을 어떻게 선택했나요?
- 주거 배치에 만족하고 있나요? 그렇지 않다면 그것을 바꿀 의지가 있나요?
- 선호하는 활동이 무엇인가요?
- 장애인이 추구하거나 더 하기 원하는 취미, 재능, 흥미는 무엇인가요?
- 누가 식료품을 구매하나요? 장애인이 좋아하는 음식을 먹고 있나요?
- 누가 의상을 결정하나요? 누가 옷을 구매하나요?
- 누가 취침 시간, 식사 시간을 결정하나요?
- 장애인은 누구와 함께 시간을 보내고 싶은지 결정할 수 있나요?
- 다른 사람이 장애인을 위해 결정을 할 때 그/그녀의 희망, 선호도, 관심을 고려하나요?

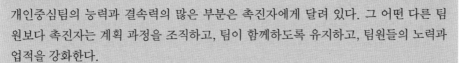

촉진자 팁   삶의 모습 회의 촉진하기

개인중심팀의 능력과 결속력의 많은 부분은 촉진자에게 달려 있다. 그 어떤 다른 팀원보다 촉진자는 계획 과정을 조직하고, 팀이 함께하도록 유지하고, 팀원들의 노력과 업적을 강화한다.

- **왜 우리는 여기 있는가?**: 회의의 맨 처음에 모임의 목적과 팀이 무엇을 할 것인지에 대하여 간단하게 진술하라. 회의 과정은 달라지기 때문에 참석자들이 적응하도록 각 회의의 목적을 요약하는 것은 중요하다.
- **이전 임무 점검하기**: 회의의 초반에 보류된 전략과 실행 단계를 검토하고, 참석자들에게 그들이 하겠다고 말한 것을 보고하도록 요청하라.

- **세부사항 확인하기:** 장애인의 삶에서 중요하지만 종종 간과되는 정보를 끄집어내라. '무엇을' '왜' '어디서' '언제'로 시작되는 면밀한 질문을 하라. 예를 들면, "그녀가 영화 보는 것을 좋아하나요?"라고 묻는 대신, "그녀는 무엇을 하는 것을 좋아하나요?"라고 물으라.
- **장애인에게 초점 맞추기:** 논의가 벗어나면 장애인의 관심과 바람으로 다시 향하게 하라. 만약 팀이 논의해야만 하는 것에 대해 동의하지 않는다면 장애인이 원하는 것에 다시 초점을 맞추라. 포부와 건강과 안전 사이의 균형을 잡기 위하여 협상이 필요할 수 있다.
- **고치려고 하지 말고 만들기:** 지역사회에서의 삶의 질 향상을 위하여 개선되어야 할 결점을 확인하는 것보다는 지역사회 삶과 관련된 장애인의 강점, 능력, 관심에 대한 정보를 구하라. 버스 타기, 친구 만들기, 직업 구하기, 그 밖의 지역사회 통합을 증진시키는 방법과 같은 전문 기술이 장애물에 영향을 미치게 하라.
- **차트를 활용하기:** 팀 구성원의 기여도를 모든 사람이 볼 수 있는 차트에 기록하고, 이를 회의 도중에 가끔씩 요약하라. 이러한 정보는 회의 중 이해를 증진시키고 초점을 유지하는 데 도움을 줄 것이다.
- **책임을 명확히 하기:** 팀 구성원이 실행계획에 대한 책임을 맡았을 때 전략에 대하여 재설명하거나 명확히 하고, 실행계획을 문서로 정리하며, 실행의 완료 시점을 확인하라.
- **실행계획을 요약하기:** 회의의 마지막에 팀 구성원에게 각자의 임무를 확인시켜 주고, 가급적 참조물로 차트를 사용하라. 각 전략, 그것을 실행할 책임자, 기간을 재진술함으로써 실행 단계를 검토하라.
- **꾸준히 기록하기:** 차트나 노트와 같은 서면 문서는 회의가 진행되면서 만들어진다. 기록은 팀의 역사를 보존하며, 후속 절차에서 팀원들에게 전달될 수 있다.

4) 3단계: 더 나은 미래 계획하기

이 단계에서 팀은 ① 미래 삶의 모습을 검토하고, ② 미래 삶의 모습 중 무슨 영역을 지향할 목표로 삼을지 결정하고, ③ 목표를 성취하기 위한 전략을 개발한다([그림 4] 참조).

계획

목표   전략

1. _____   a. _____
   _____   b. _____
   _____   c. _____
   _____   d. _____

2. _____   a. _____
   _____   b. _____
   _____   c. _____
   _____   d. _____

다음 단계

누가   무엇을   언제

1. _____ | _____ | _____
2. _____ | _____ | _____
3. _____ | _____ | _____
4. _____ | _____ | _____
5. _____ | _____ | _____

[그림 4] 더 나은 미래를 위한 계획과 다음 단계(next steps) 차트

THE PLAN   Christian, April 2

Goals   **Strategies**

1. Have more compatable roommate now— IN PRESENT HOME
   - Survey residents' roommate preferences

2. Find home near family, sports facility & public transportation
   - Look at classified ads in newspaper for apartment for 3 people
   - Place ad in newspaper for a personal assistant who will also be a roommate

3. Find a job in sports or athletic area
   Contact:
   - Sports departments of local colleges
   - sporting good & department stores
   - YMCA or Gold's Gym

4. Learn to travel on bus
   - Contact Behavior Specialist to assist

5. Get a dog
   - Adopt from animal shelter—DEFERRED UNTIL CHRIS IS SETTLED IN A NEW HOME

Next Steps   Christian, April 2

Who	What	When
Rosalee (house manager)	Talk to residents to find out their roommate preferences and make room changes if possible	starting tomorrow
Chris & Melvin (favorite worker)	Buy Sunday newspaper and circle possible apartments	Next Sunday
Melvin	Make appointments for Chris and him to visit apartments	End of next week
Chris & Daniel (brother)	Visit Wagner College Sports Dept. about job or volunteer possibilities	by April 17th
Chris & Melvin	Ask managers of Modell's, Sears, the YMCA, and Gold's gym about employment or volunteering	by End of Month
Tina (behavior specialist)	Take Chris on a bus to determine learning needs	by April 30th

(1) 더 나은 미래를 위한 계획 개발하기

① 완성된 삶의 모습을 다시 보여 주고 검토한다(여덟 가지 삶의 영역: 현재와 미래).

② 삶의 모습 중 어떤 미래 이미지나 아이디어가 목표가 되어야만 하는지를 결정한다. 이때 촉진자는 팀이 무슨 포부를 지향하며 노력하기를 원하는지 결정하고 그러한 이미지를 목표로 전환하는 데 도움을 준다. 촉진자는 목표로 개발될 이미지에 표기를 하거나 강조한다. [그림 4]에 있는 더 나은 미래를 위한 계획 차트에 목표들을 기록한다. 계획은 지속적인 과정이므로 회의 동안 이루어진 결정들이 영원하지 않음을 기억해야 한다. 여기에 포함되지 않은 아이디어들도 후에 다시 고려될 수 있다.

③ 목표들의 우선순위를 정한다. 개인의 요구, 능력, 관심, 바람, 목표의 복잡성을 토대로 목표들의 우선순위를 결정한다. 일부 목표는 가능한 한 빨리 주의를 요하는 것으로 드러난다. 어떤 목표는, 예를 들어 제시간에 직장에 도착하기 위해 알람시계 구매하기와 같은 것은 쉽게 성취될 것이다. 반면에 다른 목표들은 많은 단계 및 전략과 함께 상당한 노력을 요구한다. 아무리 작은 목표라도 목표를 성취하는 것은 집단의 결속력에 누적 효과를 미친다. 장애인이 긍정적인 변화를 경험하는 것을 보는 것은 팀원이 미래 삶의 모습에서 아직 성취하지 못한 더 많은 영역을 달성하기 위해 함께 계속해서 일할 수 있도록 동기를 부여한다.

④ 목표를 달성하기 위한 전략들을 제시한다. 이때 팀원들은 목표를 성취하기 위한 방법을 논의한다. 더 나은 미래를 위한 계획 차트에 이 전략들을 기록한다([그림 4] 참조). 이 차트들은 작성 중이기 때문에 약간 지저분할 수도 있다. 논의 후 전략에 대한 몇몇 아이디어는 추가되거나 삭제될 수도 있다.

⑤ 다음 단계들을 개발한다. 전략과 과제들을 실행할 자원자를 확인한다. 다음 단계 차트([그림 4] 참조) 위에, 첫째, 과제를 책임지고 맡을 사람, 둘째, 그 사람이 할 일, 셋째, 그 과제를 종료할 시기를 기록한다. 다음 단계 차트는 회의 동안 실행계획에 대한 제안이 제시되면서 완성된다. 만약 계획을 실행하도록 돕기 위해 특정 영역에 전문가 같은 추가적인 사람이 필요하다면 다음 회의 때 그들을 초대할 수 있다.

⑥ 목표, 전략, 다음 단계들을 요약한다. 진행자는 목표, 전략, 팀원의 책임을 포함한 더 나은 미래를 위한 계획에 대해 팀이 동의한 것을 검토한다. 모든 사람이 그들의 임무를 이해하고 동의하고 있다는 것을 분명히 하라. 이 단계는 동의된 내용을 확인하려는 것이다. 이 시점에서 명료화나 가능한 전략 수정을 요구하는 모호한 이슈들이 주목을 받는다.

⑦ 다음 회의를 위한 날짜, 시간, 장소를 정한다. 다음 회의를 위한 날짜는 다음 단계 차트에 나열된 기간과 일치해야만 한다.

촉진자 팁　PICTURE 회의 동안 문제해결

문제해결 없이 의미 있는 변화는 일어나지 않으며, 팀이 미래에 대한 명확한 그림을 가지고 있을 때 의미 있는 변화가 시작된다. 요구되는 문제해결의 정도는 장애인의 현재 상황과 더 나은 미래를 위한 생각 사이의 간극에 비례한다. 즉, 더 큰 변화는 더 많은 문제해결을 요구한다. 방해요소를 극복하는 방법을 알아내는 것은 PICTURE 과정의 핵심이다. 다음의 제안들은 효과적인 해결책을 발견할 수 있는 기회를 증가시킬 것이다.

- **긍정적인 태도를 유지하라:** 특히 난제들이 극복할 수 없을 것처럼 드러나거나 실행 과정 동안 대책이 없어 고갈 상태에 있을 때 촉진자의 자신감은 전염될 수 있으며 희망을 줄 수 있다. 그럴 때 구성원들에게 그들의 성취와 사명의 중요성을 상기시킨다. 미래 모습을 실현시키는 것은 때때로 낙심되는 일도 수반하며 그것은 긍정적 태도로 완화된다.

- **모든 사람의 의견을 구하기:** 사람들이 논의에 참여한다면 변화 과정에도 투자할 것이다. 팀원의 참여를 보장하기 위해 각 팀원에게 특별한 이슈에 대한 의견을 내거나 회의를 종결하기 전 회의에 대한 인상을 이야기해 달라고 요청한다. 만약 장애인이 명확하게 의사소통할 수 없다면 그 장애인에 대해 잘 알고 있는 다른 사람이 그 장애인의 선호도를 보여 주어야 한다.

- **모호한 정보를 명확하게 하기:** 용어나 줄임말이 확실히 이해되지 않을 때 팀원은 설명을 요구할 필요가 있다. 이들을 쉬운 용어로 재진술하라. 차트에 요점을 기록함으로써 복잡한 이슈가 더 명확해진다.

- **합의 구하기:** 해결책은 장애인을 포함하여 구성원의 공유된 아이디어를 반영해야 한다. 팀이 어려운 이슈에 직면하였을 때, 그 문제가 팀에게 명확해야 하며 그것을 해결하는 방법에 대한 다양한 견해도 분명하게 말해야만 한다. 대부분의 팀원이 수용할 수 있는 전략을 선택한다.

- **체제의 제약에 얽매이지 않기:** 정책, 구조, 자원의 부족이 (계획의) 진행을 막는 것처럼 보일 때 체제의 제약들을 다루기는 하지만 성취의 방해요소에 대한 장시간의 논의는 피한다. 그런 토의는 목표를 조정하게 만들 수 있는 대안적 접근으로 전환시킨다.

- **참여 강화하기:** 장애인의 더 나은 삶을 만드는 과정에 기여하는 정보와 아이디어를 팀원이 공유할 때 긍정적 피드백을 제공한다.

- **혁신 장려하기:** 창의적인 사고에 추가하여 의욕적인 자세는 장애물을 극복하도록 도우며, 계획의 실행을 촉진시킨다. 팀원이 고정관념에서 벗어나고 비판으로부터 자유로운 상황에서 가능한 해결책을 제안하도록 격려한다.

5) 4단계: 계획 실행하기

지금까지 이 책은 PICTURE 방법의 철학과 장애인의 더 나은 미래를 위한 계획 개발에 대해 설명하고 있다. 이 과정의 4단계는 회의들 사이에 이루어지는 계획의 완수 활동을 포함한다. 이는 새로운 기술 교수, PICTURE의 평가도구 활용을 포함하며 개인중심계획의 실제 작업들이 이루어지는 단계이다. 계획의 완수 활동은 팀의 성공적 목표 성취 여부를 결정한다. 팀원은 다음 단계 차트에 개요된 그들의 책임을 다 끝마쳐야 한다. 점검회의에서 팀원은 그들의 활동과 진보를 기록하고, 필요하다면 전략을 변경한다. 점검회의 동안 논의의 결과로써 자주 새로운 목표가 계획된다.

(1) 중간 점검회의 진행하기

점검회의는 더 나은 미래 계획이 개발된 후에 시작된다. 점검회의는 대부분 계획의 실행과 관련한 문제해결 논의로 이루어진다.

① 전략과 임무를 검토한다. 촉진자는 목표, 전략, 다음 단계들이 나열된 차트를 보여 주고 팀과 함께 검토한다.

② 목표를 향한 진전과 방해요소를 기록한다. 팀원은 진전과 계획 전략을 실행하는 동안 접하게 된 방해요소들을 논의한다. 촉진자는 [그림 5]에서 보여 주는 문제해결 차트의 양식(혹은 유사한 양식)을 사용하여 이러한 정보를 기록할 수 있다. 잘 진행되고 있는 전략들과 직면한 문제들을 보여 주는 것은 팀이 추진 방법에 대한 더 명확한 그림을 그릴 수 있도록 도와줄 것이다. 이러한 정보는 회의 진행 상황의 기록으로도 사용될 수 있다.

③ 진보와 성과를 평가한다. 점검회의는 평가 결과의 정기보고를 위한 맥락을 제공한다. 제3장에 서술된 계획팀을 위한 점검은 팀에게 다음과 같은 피드백을 제공한다는 점에서 점검회의의 중요한 부분으로 구성될 수 있다. 첫째, PICTURE 과정을 얼마나 충실하게 이행하고 있는가, 둘째, PICTURE가 시작된 이후로 장애인은 무엇을 경험하고 있는가.

④ 필요시 목표와 전략을 변경한다. 목표는 변경되거나 추가되고, 전략들은 새로운 정보 혹은 변화되는 환경에 적응하도록 조정된다. 새로운 정보가 드러나면 그것은 미래 삶의 모습에 추가된다. 새로운 목표와 전략들은 이전에 만든 차트에 기록되거나 계획 수정 차트([그림 5] 참조)의 형식(유사한 형식)을 사용한 새로운 차트에 기록될 수 있다.

⑤ 진보 상황을 토대로 다음 단계를 결정하고, 처음에 만든 차트에 있는 단계들과 연결하여 기록하거나 새로운 다음 단계 차트에 기록한다.

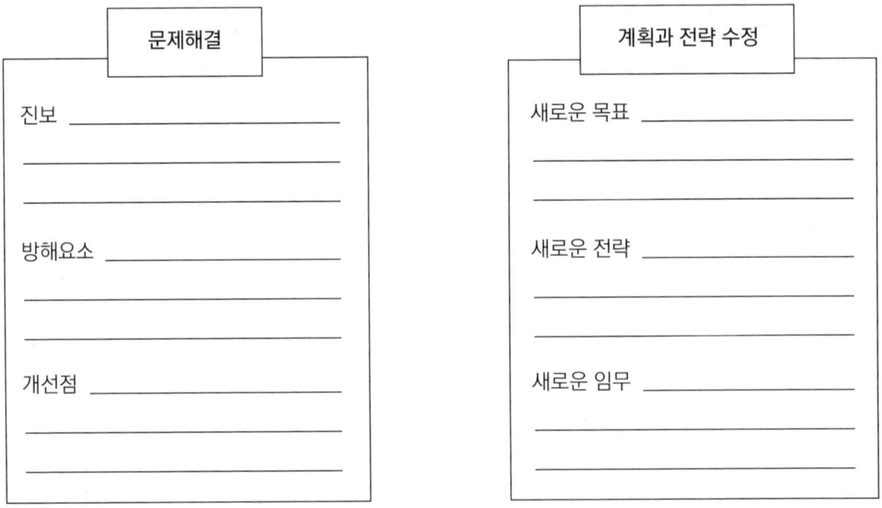

문제해결	계획과 전략 수정
진보 _____ _____ 방해요소 _____ _____ 개선점 _____ _____	새로운 목표 _____ _____ 새로운 전략 _____ _____ 새로운 임무 _____ _____ _____

[그림 5] 문제해결과 계획 수정 차트

(2) 계획 완수 촉진

다음 제안은 계획 실행의 추진력을 유지하고 목표 달성의 가능성을 향상시키는 것을 돕는다.

① 차트를 촬영하여 배포한다. 목표, 전략, 다음 단계를 보여 주는 차트는 디지털카메라와 컴퓨터 장비로 쉽게 복사할 수 있고, 팀원에게 리마인더로 배포될 수 있다.

② 계획을 실행하겠다고 자원한 사람들에게 전화를 한다. 촉진자 혹은 팀원 중 자원자가 진행 과정을 알아보고자 전화를 할 수 있다. 만약 과제가 계획한 대로 이루어지지 않거나 예상하지 못한 이슈가 발생한 경우 통화를 하는 동안 문제해결이 필요할 수도 있다.

③ 팀원에게 다음 회의를 상기시킨다. 전화, 편지, 이메일을 포함하여 어떤 유형의 안내문이라도 괜찮다. 회의 바로 며칠 전에 보내는 간단한 안내문이 참석률을 향상시킬 수 있다.

④ 정기적으로 회의를 개최한다. 일부 촉진자는 정기적으로 회의를 개최하여(예: 매달 한 번) 팀의 결속력과 추진력을 유지한다. 너무 드문드문 회의를 한다면 팀이 해야 할 일이 많아진다.

⑤ 팀 정체성을 유지한다. 결함기반 프로그램 계획을 검토하는 전통적인 간학문적 팀 회의와 PICTURE 회의는 구분된다. 이 두 가지 유형은 다른 형식, 다른 목표, 다른 목적을 가지고 있기 때문에 두 가지 회의를 합치려는 시도는 PICTURE 과정을 강화하기보다는 오히려 희석시키는 결과를 가져올 것이다.

⑥ 소위원회를 구성한다. 때때로 복잡한 이슈는 임시 소위원회에서 다루는 것이 가장 좋은데, 소위원회는 점검회의들 사이에 만나 문제를 해결하거나 이슈에 대해 더 공부한다. 소위원회는 팀이 피드백을 위해 사용할 평가를 계획하고 준비하는 기능도 할 수 있다.

제 3 장

PICTURE를 발전시키기 위한
평가 활용

1. 장애인, 팀, 기관 평가

2. 계획팀 점검

3. 관리팀 점검

제3장 PICTURE를 발전시키기 위한 평가 활용

1. 장애인, 팀, 기관 평가

기관, 팀, 장애인이 하나의 단위로 소통하고 움직이고 있다면, 개인중심계획은 성공적으로 이루어질 것이다. 이러한 세 가지 구성요소는 PICTURE를 개념화하기 위한 일반적인 틀로 제시된다. [그림 6]에서 보는 바와 같이, 진행 과정에서 각 요소는 나머지 두 요소의 영향을 받으며 교류하게 된다.

[그림 6] 기관 차원의 지원, 개인중심팀, 장애인의 경험

이와 같은 기관의 개인중심계획 모델에서, 기관은 장애인을 위한 개인중심 과정을 운영하며 그 장애인의 경험은 개인중심계획 과정에 영향을 미치고, 그 장애인과 계획 과정은 모두 기관에 영향을 미치게 되는데, 이러한 과정에서 기관은 개인중심계획이 그 장애인에게 보다 더 잘 수용될 수 있도록 조정해야만 한다. 먼저 ① 기관의 팀 멤버십과 ② 장애인을 위해 계획하고 지원하는 그들의 기능이 종종

중복되기 때문에 이 두 요소는 상호 배타적일 수 없다는 것을 이해해야 한다. 마찬가지로, 영향을 미치는 순서가 그림에서 보이는 것처럼 명확하지 않을 수 있다. 예를 들면, 기관 차원의 지원이 직접적으로 장애인에게 영향을 미치거나 그 반대일 수도 있다.

개인중심계획은 개인을 위한 맞춤형 서비스를 지속적으로 제공하지 못하는 기관에서는 잘 운영되기 어렵다. 기관과 기관이 포함된 보다 큰 체제는 개인중심 철학을 고취시키고, 실제를 지원해야만 하며, 기관은 이것을 옹호하는 바로 그 과정을 안내해야만 한다. 그러므로 기관의 실제는 진정한 개별화를 유지하기 위하여 변화되어야만 한다. 이러한 변화는 자금, 직원 고용, 교육, 이동 방식(transportation), 채용 제도, 직무 등의 변경을 수반할 수 있다.

PICTURE 방법에서 서로 연결되는 기능의 세 가지 영역은 제4장에 나오는 평가도구, 활동지를 사용하여 평가할 수 있다. 이것은 기관 차원의 지원을 받는 개인뿐 아니라 개인중심계획 팀의 구성원들에게 정보를 제공한다. 정보를 얻을 수 있는 또 다른 방법은 다음의 예제에 제시되어 있다. 모든 평가도구와 활동지를 사용할 필요는 없지만 조직, 팀, 개인이 하나의 효과적인 단위로 함께 움직이기 위해서 세 가지 요소를 각각 다룰 것을 제안한다.

1) 장애인의 경험

(1) 8개 영역 성과로 평가되는 개인중심계획 삶의 질 지표(Person-Centered Planning Quality-of-Life Indicators; Holburn, Pfadt, Vietze, Schwartz, & Jacobson, 1996)를 통해 측정된 장애인의 삶의 질 평가는 PICTURE 계획 과정과 연결된다. 이러한 평가 영역은 삶의 모습을 구성하는 8개의 영역과 일치한다.

(2) 14일 동안의 장애인의 지역사회 참여에 대한 간단한 정보는 지역사회 활동점검표(Community Activities Checklist; Kennedy et al., 1990 수정)로 평가되며,

이 점검표는 각 활동을 ① 활동 유형, ② 필요한 지원 정도, ③ 경험이 즐거 웠는지 여부로 평가한다.

(3) 장애인의 PICTURE 계획 과정 참여 정도 및 전반적인 삶에 대한 만족도 평 가는 의사결정과 만족도 면담(Decision Making and Satisfaction Interview; Holburn, Gordon, & Vietze, 2006)으로 결정된다.

2) 개인중심계획 팀 운영

(1) 촉진자가 개인중심계획 팀 과정을 얼마나 신뢰할 수 있게 운영했는지에 대 한 평가는 개인중심계획 촉진 충실도 평가(Assessment of Person-Centered Planning Facilitation Integrity; Holburn, Gordon, & Vietze, 2001)를 통해 이루어 지며 이때 진행 회의에 참석한 독립적인 관찰자가 평가를 수행한다.

(2) 팀 구성원 간의 응집력 및 개인중심성에 대한 정도는 개인중심계획 팀 실 행도 평가(Assessment of Person-Centered Planning Team Integrity; Holburn, Vietze, Jacobson, & Gordon, 2003a)를 통해 평가할 수 있다. 이와 같은 관찰 측정 방법을 통해 개인중심계획 회의 동안 이루어진 팀 간 상호작용을 확인 할 수 있다.

(3) 팀이 얼마나 지속적으로 이전에 수립된 PICTURE의 원칙을 고수하고 있 는지는 PICTURE의 11가지 원칙: 우리 팀은 무엇을 향하여 노력하고 있는 가?(Eleven Principles of PICTURE: What is Our Team Working Toward?)를 사용 하여 평가하면 된다. 이 평가는 특별히 팀이 계획을 실행하는 과정에서 난 관에 부딪혀 미션을 명확히 하고 새롭게 설정해야 하거나 장애물을 만났을 때 해결방안으로 사용할 수 있다.

3) 기관 차원의 지원

(1) 팀 구성원이 조직에 만연한 개인중심 분위기를 느끼는 정도는 개인중심적 기관 분위기 조사(Person-Centered Organizational Climate Survey; Holburn, Vietze, Jacobson, & Gordon, 2003b)를 통해 측정 가능하다. 이는 익명 조사로 진행되며, 이를 통해 관리팀은 전체적인 기관 분위기 및 기관의 내부 부서 간 차이, 원칙 내 차이를 평가할 수 있다.

(2) 관리팀(management team)은 팀이 계획한 목표로 나아가는 데 방해물이 되는 요소들(예: 정책, 훈련, 자원, 구성원)로 구성된 계획 실행 방해요소 평가지(Barriers to Plan Implementation Form; Holburn & Gordon, 2003)를 통해 개인중심계획 팀의 방해요인을 효과적으로 판별할 수 있다. 장애물은 삶의 모습을 구성하는 여덟 가지 요소와 관련된 영역들로 목록화되어 있다.

(3) 기관이 장애인에게 제안하는 것과 삶의 질 성과를 높이기 위하여 제공하는 것 간의 차이를 조정하기 위한 전체적인 관점은 토론의 지침으로 제시될 수 있는 기관과 삶의 질 성과 간의 관계(Relationship Between the Organization and Quality-of-Life Outcomes) 활동지를 통해 확인할 수 있다.

(4) 개인중심 기관역량 지표(Person-Centered Organizational Capacity Indicators)는 개인중심의 성과를 얻기 위해 요구되는 개별화된 서비스 제공에 필요한 기관의 역량을 증가시키기 위한 요소들로 구성된 점검표이다. 이 점검표는 그러한 성과를 도출하기 위하여 기관이 실행할 수 있는 18가지 방법을 제안한다.

2. 계획팀 점검

  팀 운영은 장애인의 삶을 의미 있게 향상시키고자 노력하는 중재 방법이다(이 과정의 예시는 [그림 7] 참조). 팀은 다양한 요소로 구성되어 있으므로 팀이 개인중심계획을 실제적으로 운영하고 있는지에 대해 평가하는 것은 특별히 중요하다. 이러한 과정은 촉진자의 수행도, 팀 상호작용, PICTURE 방법의 원칙 고수 정도를 평가하여 측정할 수 있다. 장애인의 경험(예: 개인적 성과)은 그/그녀의 삶의 질, 지역사회 참여, 자기결정권과 만족도 평가를 통해 측정할 수 있다. 이러한 모든 정보는 장애인의 보다 나은 삶을 실제적으로 촉진하는 데 도움이 될 수 있도록 그 과정을 분석하고 수정하기 위한 자료로 팀에게 환류될 수 있다.

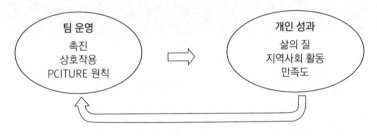

[그림 7] 팀 운영과 개인 성과 차트

  다음의 예시들은 계획팀이 장애인의 더 나은 삶을 만들어 갈 수 있도록 팀의 강점을 증진시키는 방법을 설명한다. 장애인이 이 과정에 포함되었을 때, 그/그녀는 스스로 중재의 한 측면이 된다. 게다가 장애인은 중재의 효과성에 대해 평가할 수 있다. 이는 그 평가가 PICTURE 과정과 성과 모두에 유용하다는 의미이기도 하다. 그러므로 점검은 종종 개인중심계획 회의의 한 부분이 된다.

1) 점검 1: 총체적인 삶의 질 측면에서 이야기하기

목 적 이 점검은 팀원들에게 장애인이 경험하고 있는 다양한 삶의 양식을 안내하고, 개선이 필요한 영역을 제안하기 위한 것이다.

정보 자원 개인중심계획 삶의 질 지표

정보 습득 방법 독립된 평가자, 팀 구성원들, 또는 지명된 한 명의 팀원이 평가할 수 있으며, 가능하다면 장애인도 정보를 제공할 수 있다.

평가 및 피드백 활용 방법 삶의 질의 여덟 가지 영역에 대한 결과는 장애인을 포함하여 모든 팀원이 검토하고 논의해야 한다. 선택된 영역은 항목별로 평가되어야 하며, 결과는 새로운 목적을 수립하거나 기존 목적과 전략들을 논의하고 팀의 진보를 평가할 때 사용 가능하다.

2) 점검 2: 지역사회 참여 늘리기

목 적　지원이 필요한 정도를 포함하여 장애인이 경험하는 지역사회 활동의 유형과 빈도를 파악하기 위함이며, 장애인이 선호하는 지역사회 활동을 보다 풍성하게 개발하고자 할 때 사용할 수 있다.

정보 자원 　지역사회 활동 점검표

정보 습득 방법 　점검표는 계획 회의 외의 공간에서 장애인의 일과 활동을 알고 있는 사람이 작성한다. 이 조사는 독립된 평가자, 팀 구성원들 또는 평가자로 지명된 한 명의 팀원이 평가할 수 있으며, 가능하다면 장애인도 정보를 제공할 수 있다. 필요할 경우 양식에 활동을 추가할 수 있다.

평가 및 피드백 활용 방법 　결과는 계획 회의에서 팀 구성원들과 공유한다. 이러한 결과는 계획 시 추가 활동을 강조하거나 새로운 활동에 참여하는 데 필요한 지원이나 선호도를 평가하는 과정을 통해 지역사회 참여를 강화하기 위한 자료로 활용할 수 있다. 팀원들은 이 점검표를 활용 가능한 지역사회 활동 목록을 개발하는 데 기초 자료로 활용할 수 있다. 장애인 혹은 평가자는 선호도에 대한 정보를 제공하고 새로 또는 최근에 경험한 지역사회 활동을 공유하기 위해 회의에 참여해야 한다.

3) 점검 3: 장애인에게 초점 유지하기

목 적　장애인이 PICTURE 계획 과정에 참여하는 것과 팀이 장애인에게 가장 중요한 삶의 목적을 향해 일하고 있는 정도에 대해 느끼는 바를 확인하기 위함이다.

정보 자원 　의사결정과 만족도 면담

정보 습득 방법 　장애인, 그리고 적절하다면 그의 부모 또는 옹호자를 포함하여 면담을 진행한다.

평가 및 피드백 활용 방법 동의하에 면담자는 팀 구성원들과 정보를 공유한다. 면담 결과에 따라 촉진자와 팀은 장애인의 의사결정 정도와 그/그녀가 가장 중요하게 여기는 삶의 영역에 부합하여 전략을 수정할 필요가 있다.

4) 점검 4: 개인중심계획 회의 실행하기

목 적 PICTURE 촉진자 지침에 따라 개인중심계획 회의를 적합하게 실행·유지하도록 촉진하기 위함이다.

정보 자원 개인중심계획 촉진 충실도 평가

정보 습득 방법 이 점검표는 회의 후에 독립된 관찰자가 평가하며, 이 관찰자는 각 항목에 대한 정의와 기준에 대해 매우 유의해야 한다(제4장의 지시문 참조). 이 점검표는 촉진자 훈련 과정에서 사용되어야 하며, 촉진자는 각 문항을 만족시키는 기준에 대해 반드시 인지해야 한다.

평가 및 피드백 활용 방법 결과는 사전 회의에서 촉진자와 공유해야 하며, 이는 촉진 충실도를 유지하기 위한 지침으로 촉진자에게 도움을 줄 수 있다.

5) 점검 5: 계획팀은 개인중심 접근을 적용하는가

목 적 계획 회의 동안 개인중심 상호작용 정도를 판별하고, 팀 구성원의 의식을 고양시키기 위함이다.

정보 자원 개인중심계획 팀 실행도 평가

정보 습득 방법 이 평정척도는 회의 후에 독립된 관찰자가 작성한다(제4장의 지시문 참조). 팀 평가에 앞서 팀 구성원들은 개인중심계획의 철학에 대한 기본 훈련을 받아야 한다. 이 평가는 팀 구성원들이 직접 할 수도 있다.

 평가 및 피드백 활용 방법 　결과는 계획팀에게 공유되며, 팀 상호작용의 강점과 약점에 초점을 맞추어 토론한다.

6) 점검 6: 우리 팀은 무엇을 향해 일하고 있는가

 팀원들에게 동기를 북돋우고, 회의 이후 과정을 잘 진행할 수 있도록 하기 위함이다. 이러한 점검을 통해 팀 응집력을 높이고 구성원들에게 공통의 목적을 부여할 수 있다. 특별히 팀 활동이 부족하거나 팀 갈등 시기에 팀 활동에 다시 집중하는 데 도움이 될 수 있다.

 정보 자원 　PICTURE의 11가지 원칙

 정보 습득 방법 　회의 중 팀 동의로 활동지를 작성한다. 팀원들이 팀의 현재 계획 과정과 관련하여 11가지 원칙별 이행 수준에 대해 합의된 의견을 도출하는 동안 촉진자는 이 점검을 진행한다.

 평가 및 피드백 활용 방법 　장애인을 지원하기 위한 팀의 노력과 가장 근접한 선택지에 대해 합의하는 과정을 통해 팀이 지속적으로 실행해야 하는 것 또는 다른 방법으로 실행할 수 있는 것에 대한 아이디어가 떠오르게 될 것이다. 점검에는 ① 원칙의 이행 수준을 정리하고 평가하는 것 혹은 ② 팀원들에게 계획 과정에서 준수한 원칙과 집중하지 못한 원칙을 선택하고 그것에 대해 토론하도록 요구하는 것이 포함된다.

3. 관리팀 점검

기관은 개인중심계획을 위한 개인중심 목표를 수용해야만 한다. 개인중심팀은 목표를 개발하고, 목표를 달성하기 위한 방법을 계획하고, 그러한 노력에 대한 피드백을 받아 전략을 수정해야 하는 것을 기억하라. 마찬가지로, 관리팀은 개인중심계획을 촉진하고, 효과에 대한 피드백을 받고, 그에 따른 전략을 수정하기 위한 기관 차원의 변화에 대하여 계획할 수 있다(이 과정에 대한 예시는 [그림 8] 참조).

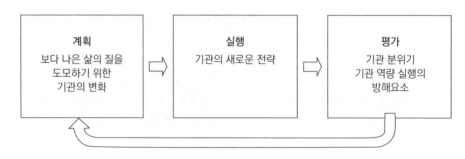

[그림 8] 계획/실행/평가 도식

개인중심계획을 촉진하기 위한 기관 전략의 예로, 그 접근을 실행하기 위한 교육, 개별화를 장려하는 이동 방식(transportation), 개인중심 실제에 상응하는 정책과 직무 설명서, 장애인 위원회, 개인중심계획을 촉진하는 소식지와 토의 집단, 기관 수행을 평가하기 위한 직원 설문조사가 포함될 수 있다.

기관은 개인중심 삶이 가능하도록 개별화된 서비스를 제공할 수 있는 방법을 찾아야 한다. 개인중심 팀이 목적을 성취할 수 있도록 촉진하기 위한 방법과 이를 저해하는 요소에 대해 관리팀이 정기적으로 검토할 것을 제안한다. 다음의 네 가지 점검은 기관 변화를 위한 조직관리 목표를 세우는 것과 진보에 대한 피드백을 받는 데 유용할 수 있다. 각 점검은 각각 다른 방법을 통해 습득한 다양한 유형의 정보를 사용한다. 개인중심 성과를 지원함에 있어 정보가 많을수록 기관의 역량에 대한 보다 명확한 그림을 제공할 수 있다. 관리팀은 이미 기관의 효과성을 평가하기 위한 방법을 사용하고 있을 수 있다. 여기서 중요한 요소는 그 방법이 실행 절차, 구조, 장애인의 삶의 질에 직접적으로 영향을 미치는 조직문화와 얼마나 연계되었냐는 것이다. 조직관리 점검을 위한 평가도구와 활동지는 기관을 통해 지원받고 있는 장애인의 포부와 조직의 관리를 맞춰 가기 위한 피드백을 제공하는 데 사용할 수 있다.

조직관리 자기평가 점검을 위한 참여자에는 기관장, 재정 담당자, 임상 코디네이터, 사무국장, 기타 행정직과 같은 핵심 관리자를 포함시킬 것을 제안한다. 또한 장애인 당사자, 가족, 위원이 참여할 것을 제안한다. 조직관리 자기평가 회의는 정기적으로, 최소한 분기별로 진행되어야 한다. 전체 질적 관리와 같은 협력적 방법을 제안하며, 문제해결 과정에서 정보를 공유하고 명확히 하기 위하여 플립 차트를 제안한다.

1) 조직관리 점검 1: 기관에서 보다 더 개인중심적인 분위기 만들기

 목 적 직원 태도를 확인하고 변화시키기 위함이다.

정보 자원 개인중심적 기관 분위기 조사

정보 습득 방법 이 평가는 기관에 고용된 사람들이 실행하며, 비밀리에 진행되는 것이 중요하다. 장애인에게는 사용할 수 없다.

평가 및 피드백 활용 방법 17가지 질문에 대한 대답은 직업군 또는 기능 혹은 기관 전체를 기준으로 수량화하고, 평균값을 구할 수 있으며, 분석할 수 있다. 취약점과 관련된 영역을 중심으로 더 나아지기 위한 목표를 세울 수 있다. 이상적으로 평가는 같은 응답자에게 재평가되어야 한다. 만약 이직자가 문제가 된다면, 결과의 안정성을 확보하기 위하여 상당히 많은 수가 평가에 참여하는 것이 좋다.

2) 조직관리 점검 2: 개인중심 성과에 대한 기관의 방해요소 제거하기

 목 적 팀이 개인의 목표를 성취하도록 돕는 과정에서의 기관의 방해요소를 확인하고 해결하기 위함이다.

정보 자원 계획 실행 방해요소 평가지

정보 습득 방법 이 양식은 개인중심계획 팀 구성원이 작성하고, 가급적이면 촉진자 또는 촉진자가 지명한 사람이 평가한다.

평가 및 피드백 활용 방법 방해요소 목록을 작성하고 삶의 질의 영역별로 분류한다. 이것은 팀에게 영향을 미치는 기관의 방해요소을 확인하는 데 효과적인 방법이다. 관리가 필요한 영역을 알려 주는 양상이 드러날 것이다.

3) 조직관리 점검 3: 삶의 질을 촉진하는 기관 차원의 절차

목 적　올바르지 않은 기관의 측면에 주목하면서 기관의 절차와 개인중심적 목적 간 적합성을 알아보고, 적합성을 향상시킬 수 있는 방법을 제시한다.

　정보 자원　기관과 삶의 질 성과 간 관계 활동지

　정보 습득 방법　조직관리 자기평가 회의에서 이 평가지를 배부한다. 참여자는 기관의 각 측면 및 그것이 우측에 제시된 성과 목록들을 촉진하는지 여부를 고려하여 평가한다. 회의 촉진자는 참여자들이 한 번에 하나씩 삶의 질 성과를 고려하도록 하되, 삶의 질 성과를 높일 수 있도록 좌측에 제시된 기관 측면에서 필요한 변화에 대해 논의할 것을 안내한다.

　평가 및 피드백 활용 방법　의견들을 차트지에 잘 정리하고, 적합하고 실행 가능한 몇몇 의견을 즉시 확인한다. 이 점검의 보다 정교화된 버전으로, 팀 구성원들이 각 측면에 대한 세부적인 평가를 통해 제안한 개선방안을 검토한다. 예를 들면, '기관 구조'는 기관의 조직도를, '직원 역할과 배치'는 선택한 직무 설명서를, '교육'은 교육 프로그램 또는 교육과정을 사용할 수 있다.

4) 조직관리 점검 4: 개인중심 성과를 위해 기관역량 늘리기

목 적　이 점검은 기관이 개인중심 실제를 촉진하기 위하여 기관역량을 개선할 수 있는 구체적인 방법을 제시하기 위함이다.

　정보 자원　개인중심 기관역량 지표

　정보 습득 방법　조직관리 자기평가 회의에서 이 평가지를 배부한다. 이는 집단 점검으로, 회의 촉진자가 각 역량 지표를 검토하고, 참여자들이 자신의 기관 또는 수행 집단과 관련된 지표에 대해 토론한다.

평가 및 피드백 활용 방법 기존 지표들을 실행하거나 개선하기 위한 의견을 나눈다. 지표들에 대한 검토를 통해 종종 기존 지표들을 수정하거나 평가지에 제시되지 않은 새로운 전략들을 개발하기 위한 의견이 도출된다.

제4장

PICTURE 사용 도구:
중재자 가이드, 질문지, 활동지

제4장 PICTURE 사용 도구: 중재자 가이드, 질문지, 활동지

다음은 PICTURE 사용에 대한 중재자(troubleshooter) 가이드와 PITCTURE에서 사용하는 10가지 평가도구이다. 도구는 장애인의 경험, 계획팀 절차, 기관 차원의 지원을 평가하는 데 사용된다. 각 평가도구는 제3장에서 설명한 계획 점검과 연결

● <표 4> 평가도구 및 관련 점검 요약

평가도구	점검
장애인의 경험	
개인중심계획 삶의 질 지표	총체적인 삶의 질 고려
지역사회 활동 점검표	지역사회 참여 증진
의사결정과 만족도 면담	장애인에게 초점 유지
개인중심계획 팀 운영	
개인중심계획 촉진 충실도 평가	개인중심계획 회의 실행
개인중심계획 팀 실행도 평가	계획팀은 개인중심 접근을 적용하는가
PICTURE의 11가지 원칙 활동지	우리 팀은 무엇을 향해 일하고 있는가
기관 차원의 지원	
개인중심적 기관 분위기 조사	기관에서 보다 더 개인중심적인 분위기 형성
계획 실행 방해요소 평가지	개인중심 성과에 대한 기관의 방해요소 제거
기관과 삶의 질 성과 간 관계	삶의 질을 증진하는 기관 차원의 절차
개인중심 기관역량 지표	개인중심 성과를 위한 기관역량 향상

된다. 평가 지침과 사용 방법은 각 평가도구 및 점검에서 제공된다. 평가도구와 관련 점검에 대해 요약한 〈표 4〉를 참조하라.

1. 중재자 가이드: 원칙에 대한 이슈

 문제 개인중심계획이 장애인에게 지나치고 비현실적인 기대를 제공하는 터무니없고 환상적인 시도로 잘못 해석된다.

해결 방법 실제로 개인중심계획 실행가가 장애인에게 큰 꿈을 요구한다고 하여 손해를 보는 것은 아니다. 실행 절차를 통해 장애인의 능력을 활용하고자 애쓰고, 그/그녀가 더 보람 있는 삶을 살아갈 수 있도록 팀 구성원의 기술을 사용하면 된다. 많은 장애인이 잠재능력을 개발시키지 못한 채 고립된 삶을 살아가고, 그들이 자신의 삶을 어떻게 살아가고 싶은지에 대해 말할 기회조차 주어지지 않는다고 비방하는 사람들을 기억하라.

 문제 지적장애인이 중요한 의사결정을 할 인지적 능력이 없다는 것이 지나치게 감상적으로 표현된다.

해결 방법 물론 지적장애인이 의사결정 과정에서 절대적인 권한과 권위를 갖는 것은 아니다. 중요한 선택을 할 때 협상 과정이 필요하며, 특별히 건강 또는 안전의 성패가 달려 있을 때 그렇다(Wehmeyer, 1998).

 문제 지적장애인이 많은 결정을 해야 할 때 스트레스를 받거나 혼란스러울 수 있다는 것이 지나치게 감상적으로 표현된다.

해결 방법 몇몇 사람은 무엇을 먹을지, 언제 잠자리에 들 것인지 또는 자신의 시간을 누구와 보낼 것인지에 대해 결정할 기회조차 부여받지 못한다고 비방하는 사람들이 있음을 기억하라. 처음에는 사소한 결정부터 시작하라. PICTURE 진행 과정에서 확인된 선호 활동을 장애인이 선택하는 것은 어렵지 않을 것이다.

 문제 개인중심계획이 이곳에서는 실행될 수 없고 다른 곳에서 가능할 것이라고 지나치게 감상적으로 표현된다.

해결 방법 개인중심계획은 오직 집단 구성원이 지원할 수 있고, 기꺼이 지원하려고 하는 것만큼 효과가 있음을 안내하라. 개인중심계획이 도시뿐 아니라

시골에서도 실행된 예시를 제공하라. 만약 필요하다면, 예시는 이 책 마지막의 추천도서에서 확인할 수 있다.

 지역사회가 상당한 의료적 또는 행동적 문제를 가지고 있고 중요한 지원이 필요한 사람을 위한 준비가 되어 있지 않다는 의견이 있다.

해결 방법 누구든 적절한 서비스와 지원을 받으며 지역사회에서 살아갈 수 있지만 충분한 신체 및 행동상의 건강을 지니고 유지하는 것이 어려울 수 있다. 다른 사람들이 이와 관련하여 수행한 방법을 알아보라(예: 추천도서에 있는 Holburn & Vietze, 2002 참조). 만약 이웃이 장애에 대해 이해한다면 지역사회로의 전환은 더 쉬워질 것이다.

 장애인들이 집단보호시설에서 행복하게 살고 있는데 꼭 지역사회로 나와야만 하는가?

해결 방법 모든 사람이 지역사회에서 살고 싶은 것은 아니지만, 많은 사람이 지역사회 삶에 참여할 선택권을 부여받지 못하였다. 특별히 지역사회 삶에 대한 지식과 경험에 대한 정보를 알려 주고 결정하는 것이라면, 어디에서 살고 싶은지에 대한 장애인의 결정을 존중하라.

 개인중심계획에 대한 지나친 홍보는 전통적인 서비스가 효과적이지 않고 기관 종사자들이 제대로 일하지 않고 있다는 인상을 줄 수 있다. 소외감을 느끼는 종사자들이 이 과정에 참여하는 것을 꺼릴 수 있을 것이다.

해결 방법 개인중심계획의 기획자와 강사는 이 접근이 장애인을 알고 돌보는 사람들의 참여를 필요로 함을 강조해야만 한다. 그러나 이것은 단지 시작일 뿐이다. 전문 기술을 가진 참여자들도 반드시 필요하다. 전문가가 계획에 포함되어 있지 않다면 특별한 전문적 지원을 필요로 하는 개인에 대한 개인중심계획은 실패하게 될 것이다.

 문제 개인중심계획에 대한 지나친 홍보는 개인중심계획이 만병통치약이라는 인상을 줄 수 있다.

[해결 방법] 개인중심계획의 기획자와 강사는 이 방법이 만병통치약이 아니며 지속적인 노력을 요구하는 점진적인 과정이라는 것을 강조해야만 한다. 이것은 앞서 행해진 모든 것을 대신할 수 없으며, 장애인이 이미 습득한 것에 기반을 둔다.

 문제 장애인은 자신의 현재 삶의 방식 외에 명확한 선호도 또는 관심사가 없다. 그/그녀를 위해 항상 우리가 결정한다.

[해결 방법] 장애인에게 다양한 경험을 접하게 하고, 그것으로부터 기회에 관해 배우게 하라. 이 책에 대략적으로 제시된 여덟 가지 삶의 모습을 발전시키는 것이 팀이 어디에서 출발해야 하는지에 대한 아이디어를 제시해 줄 것이다.

 문제 팀이 장애인을 위한 하나의 역할에 대해 재고하고 있다는 것이 처음에는 바람직한 것처럼 보였지만 어떤 점에서는 위험하게 보인다.

[해결 방법] 최악의 경우를 상상해 보라. 그런 다음 위험을 제거할 수 있는 안전

장치(safeguards)를 상상해 보라. 만약 안전 장치가 실제 사용 가능하다고 한다면 장애인의 역할은 성취 가능하고 안전할 것이다. 만약 그렇지 않다면 부수적인 포부로 넘어가라.

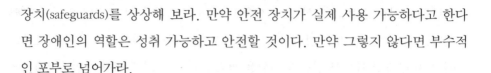

문제 장애인이 수영을 할 수 없음에도 구조요원이 되길 원하거나 운전을 할 수 없으나 버스 기사가 되고 싶은 것과 같은 명확히 위험한 포부를 가지고 있다.

해결 방법 장애인에게 포부와 관련된 역할을 더 현실적으로 축소하여 안내해 주라. 예를 들면, 구조요원을 희망하면 해변의 길거리 음식점 또는 대여점, 해변의 재활용품, 반납해야 하는 물품을 수거하는 일을 보조할 수 있을 것이다. 수영 강습은 확인해 봐야 할 또 다른 가능성이 있는 영역일 수 있다. 버스 기사를 희망하면 버스 탑승 안내원으로 만족할 수 있다.

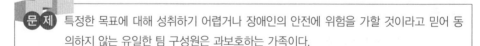

문제 특정한 목표에 대해 성취하기 어렵거나 장애인의 안전에 위험을 가할 것이라고 믿어 동의하지 않는 유일한 팀 구성원은 과보호하는 가족이다.

해결 방법 목표를 성취하기 위해 계획은 종종 걸음마 단계 또는 작은 요소들을 포함하게 된다는 것을 설명하고, 가족에게 단계, 계획, 목표가 수정 가능하다고 확신을 주라. 부모가 참여할 수 있도록 또는 교수하는 것을 관찰할 수 있도록 독려하라. 이것이 부모의 우려를 덜어 줄 것이다.

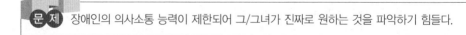

문제 장애인의 의사소통 능력이 제한되어 그/그녀가 진짜로 원하는 것을 파악하기 힘들다.

해결 방법 장애인을 가장 잘 알고 있는 사람이 그를 대변하여 지원할 수 있음을 명심하라. 몇 가지 선호도는 개인중심계획 과정에서 체계적 평가를 통해 경험적으로 확인할 수 있다(예: Reid, Everson, & Green, 1999 참조).

 기관에서 장애인에게 중요한 목표를 다루는 서비스나 프로그램을 제공하지 않는다.

해결 방법 이는 흔한 갈등으로, 창의적인 생각, 문제해결, 지역사회 자원에 대한 이해가 필요하다. 만약 그 기관이 개별화된 서비스를 개발하지 않는다면, 목표와 관련된 서비스를 제공하는 기관으로부터 서비스를 받는 것을 고려하라. 서비스는 장애인에게 익숙하지 않은 기관을 통해 제공될 수 있다.

 더 나은 미래를 위한 계획을 실현하는 데 기존 예산이 충분하지 않으므로 협상이 필요하다.

해결 방법 개인중심계획의 기획자와 예산 담당자는 사용 가능한 지역 및 정부 자원을 모으고 배치하기 위해 함께 일한다. 지원금 신청서 작성을 돕거나 해결책을 조사하기 위해 재정문제에 대해 잘 알고 있는 담당자를 초청하라.

 장애인에게 중요한 가족 구성원이 기관으로부터 권리를 박탈당하였고, 개인중심계획에 참여하는 것을 원하지 않는다.

해결 방법 개인중심계획이 전통적인 접근방식과 얼마나 다른지, 가족의 참여가 계획의 성공을 위해 얼마나 소중하고 중요한지에 대해 가족에게 설명하면서 참여를 독려하라. 장애인이 참여를 꺼리는 가족을 초대할 수 있도록 독려하라. 가능하면 차량을 지원하라. 개인중심계획 과정에 대해 설명하기 위하여 가정에 방문하는 것이 결정적으로 영향을 미칠 수 있다.

 문 제 개인중심계획 팀이 해결 방법이 보이지 않는 문제에 봉착했다.

해결 방법 사람들의 삶에 대해 의미 있는 변화를 만들어 내려고 할 때 종종 기술적 전문 지식 이상의 것이 요구된다. 다음 회의 때 전문가를 초청하는 것을 고려하라. 그 문제에 대해 더 조사하고 배우고, 방해요소 제거를 위한 계획을 수립하도록 특별 분과 위원회를 만드는 것이 유용할 수 있다.

 문 제 개인중심계획 팀이 위태로워 보인다. 핵심 목표와 방향성에 대한 의견 불일치가 있다.

해결 방법 활동하지 않고 망설이는 기간은 절차상 자연스러운 부분일 수 있다. 이런 시기가 차트를 검토하는 데 유용할 수도 있다. 장애인이 원하는 것에 집중하라. PICTURE의 11가지 원칙: 우리 팀은 무엇을 향하여 노력하고 있는가? 활동지를 점검하는 것이 이때 필요하다.

2. 중재자 가이드: 기관 차원의 이슈

 문 제 개인중심계획에 대한 전문가의 의견과 가족 관점 사이에 힘겨루기가 존재한다.

해결 방법 개인중심계획에서는 모든 팀원을 동등하게 고려함으로써 전통적인 의사결정 위계가 더 평등한 팀 과정으로 바뀌었음을 설명하라. 과정에서 모든 사람의 의견이 가치 있음을 팀에게 상기시키라. 그러나 PITCURE는 전문적인 지원을 권장한다. 팀원들은 편견 없이 다른 사람들의 관점을 경청하고, 문제해결을 위해 일해야 함을 설명하라. '장애인 당사자가 원하는 것이 무엇인가?'에 대해 묻고, 그/그녀를 계획의 중심에 두라. 어쩌면 양측은 같은 목적을 위해 다른 방식으로 언쟁하고 있을 수 있다.

기관이 개인중심계획을 촉진할 수 있는 방법에 대해 잘 모른다.

해결 방법 개인중심 원칙을 반영하기 위하여 기관의 강령을 개정하는 것을 고려하라. 이것은 직원 참여 및 이해를 높이기 위한 집단 절차로 수행될 수 있다. 개인중심계획의 원칙과 그것이 실행되는 방법, 실행하기 위해 노력하는 과정에서 마주하게 될 수 있는 몇 가지 문제와 해결방안에 대해 이야기하도록 직원들 가운데 토론 집단을 만들라. 시범으로 몇 명의 개인중심계획을 시작하는 것을 고려해 보라.

 관리자들이 의욕적으로 개인중심계획을 추진하지만 직원들이 회의적이다.

해결 방법 반대하는 입장을 받아들이고, 드러난 방해요소와 불분명한 것들에 대해 솔직하게 토론하기 위한 기초로 그것을 사용하라. 더 많은 통합, 더 나은 관계, 더 많은 결정을 어떻게 가능하게 할지에 대해 직원들과 자유롭게 이야기하는 시간을 가지라(예: 추천도서에 있는 Holburn & Vietze, 1999 참조).

 기관의 목적과 실행이 개인중심 가치 및 접근방식과 일치하지 않는다.

해결 방법 개인중심계획의 개념 및 목표와 기관의 현재 실행 능력 간의 차이를 인정하라. 문제해결 회기에 참여하도록 기관의 모든 계층의 종사자들을 초대하고, 개별화된 서비스가 가능하도록 그 기관 내의 합리적인 조정을 함께 고려하라.

문 제 기관에서 개인중심계획이 매우 천천히 이루어지고 있다. 상대적으로 적은 사람이 그 과정에 포함되어 있으며 대부분은 기존의 서비스를 받고 있는데, 이것은 불공평하게 보인다.

해결 방법 개인중심계획은 한 번에 한 명에게 실행되는 것임을 상기시키고, '덜 바람직한 접근을 더 공평하게 제공하는 것이 더 나은 것인가?'라고 질문하라. 개인중심계획이 기관에 정착되면, 그 원칙과 실제는 공식적인 개인중심계획 대상이 아니었던 몇몇 장애인에게도 번지게 됨을 설명하라. 결국 기관이 더 개인중심적이 되어 가는 만큼, 더 개별화된 계획과 서비스가 유용해질 것이다.

문 제 개인중심계획이 기관의 모든 장애인에게 시작되었으나 시스템 자원이 감당 못하고 있다.

해결 방법 개인중심계획이 모든 장애인에게 영향을 미칠 수 있도록 체제 변화가 이루어지고 있는 동안에는 더 적은 수의 사람에게 집중하라.

문 제 기관은 개인중심계획을 홍보하고 있지만, 종사자들의 시간은 규제에 순응하는 활동과 서류 작업에 몰두되어 있다.

해결 방법 직원 배치의 가능한 방법을 탐색하라(몇몇 직원은 품질 보증 활동을 선호할 것임). 융통성 있는 규정은 보다 개별화된 삶의 방식에 기여하는 실제들을 조성하도록 재해석된다. 장애인의 관심과 선호도를 존중하기 위해 잠재적인 방해요소 해결에 관한 공개 토론에 운영자와 프로그램 담당자를 초청하라.

개인중심계획 삶의 질 지표

이름: _____ 날짜: _____

지역/주소: _____

작성자 이름: _____

이 조사지는 장애인의 삶의 질을 여덟 가지 영역에서 평가하고 있습니다. 각 문항을 읽고 가장 적합하다고 생각하는 칸에 표시하십시오. 모든 문항에 답변하시기 바랍니다.

주거

1. 이웃

다음 특성들 중 장애인의 이웃을 묘사하는 것은 몇 가지입니까?
(a) 안전함, (b) 청결함, (c) 편리함, (d) 매력적임

☐ 한 가지 ☐ 두 가지 ☐ 세 가지 ☐ 네 가지 ☐ 없음

2. 외관의 물리적 특성

다음 특성들 중 주택 외관의 물리적 특성을 묘사하는 것은 몇 가지입니까?
(a) 매력적임, (b) 잘 정비됨, (c) 주택 크기가 이웃과 잘 어우러짐, (d) 건축양식이 다른 주택과 잘 어울림

☐ 한 가지 ☐ 두 가지 ☐ 세 가지 ☐ 네 가지 ☐ 없음

3. 내부의 물리적 특성

다음 특성들 중 주택 내부의 특성을 묘사하는 것은 몇 가지입니까?
(a) 분위기가 편안함, (b) 청결함, (C) 충분한 개인 공간과 프라이버시, (d) 조명, 실내 공기와 온도가 양호함

☐ 한 가지 ☐ 두 가지 ☐ 세 가지 ☐ 네 가지 ☐ 없음

4. 동거인

대체로 장애인과 동거인은 서로 잘 지냅니다.

☐ 매우 잘 지냄 ☐ 잘 지냄 ☐ 그럭저럭 지냄 ☐ 잘 지내지 못함 ☐ 전혀 잘 지내지 못함

5. 기관 종사자

장애인은 _____처럼 보입니다.
☐ 모든 직원과 잘 어울림   ☐ 대부분의 직원과 잘 어울림
☐ 절반 정도의 직원과 잘 어울림   ☐ 대부분의 직원과 잘 어울리지 못함
☐ 모든 직원과 잘 어울리지 못함

6. 하루 일과

다음 특성들 중 장애인의 하루 일과를 묘사하는 것은 몇 가지입니까?
(a) 기능적 기술 습득, (b) 개별화되고 유연한 일과, (C) 다른 사람과 적극적으로 관계 맺음, (d) 즐거운 시간을 보냄

☐ 한 가지 ☐ 두 가지 ☐ 세 가지 ☐ 네 가지 ☐ 없음

직업, 학교, 주간활동

7. 환경

직업, 학교, 주간활동 환경의 중요한 고려사항은 공간, 조명, 소음 수준, 잠재적 건강 유해물, 직장 동료나 학급친구, 친근하고 지원적인 분위기 여부를 포함합니다. 장애인의 직업, 학교 혹은 주간활동의 환경은 어떻습니까?

☐ 우수함 ☐ 매우 좋음 ☐ 좋음 ☐ 적절함 ☐ 부적절함

8. 통합

직업, 학교, 주간활동 동안 장애인은 비장애 동료나 비장애 또래와 시간을 보냅니다.

☐ 거의 항상 ☐ 대개 ☐ 가끔 ☐ 거의 아님 ☐ 전혀 아님

9. 책임감

직업, 학교, 주간활동에서 장애인은 자신의 기술과 역량을 향상시키고자 어느 정도는 스스로 무언가를 합니다.

☐ 거의 항상 ☐ 대개 ☐ 가끔 ☐ 거의 아님 ☐ 전혀 아님

10. 진보

직업, 학교, 주간활동에서 장애인의 직무나 교육적 활동이 더 복잡해지거나 월급이나 다른 혜택이 더 나아질 것입니다.

☐ 거의 확실함 ☐ 매우 그렇다 ☐ 그렇다 ☐ 다소 그렇다 ☐ 그렇지 않음

11. 만족

전반적으로, 장애인은 직업, 학교 혹은 주간활동을 얼마나 만족합니까?
(해당되는 경우, 직무, 동료나 학급친구, 환경, 관리감독, 월급, 수당을 고려합니다.)

☐ 완전히 만족 ☐ 매우 만족 ☐ 적당히 만족 ☐ 최소한 만족 ☐ 만족하지 않음

건강

12. 전반적 건강

장애인의 전반적인 건강은 _____ 합니다.

☐ 우수함 ☐ 매우 좋음 ☐ 좋음 ☐ 적절함 ☐ 부적절함

13. 개인적 건강 활동

모든 것을 고려해 볼 때, 장애인의 건강 관련 행동, 일과, 활동은 _____ 합니다.

☐ 건강을 위해 훌륭하다 ☐ 건강을 위해 매우 좋다
☐ 건강을 위해 좋다 ☐ 건강을 위해 적절하다
☐ 건강을 위해 부족하다

14. 건강관리

복용약, 치료, 검진, 장치 등을 위한 요구를 고려할 때, 장애인의 건강관리 서비스를 어떻게 묘사할 수 있습니까?

☐ 우수함 ☐ 매우 좋음 ☐ 좋음 ☐ 적절함 ☐ 부적절함

15. 응급 의료 지원

의료적 응급상황에서 장애인은 시의 적절하게 건강관리에 접근할 수 있습니다.

☐ 거의 확실함 ☐ 매우 그렇다 ☐ 그렇다 ☐ 다소 그렇다 ☐ 그렇지 않음

16. 응급 심리 지원

심리 혹은 행동 관련 응급상황에서 장애인은 지원 방법을 알고 있는 사람에게 시의 적절하게 접근할 것입니다.

☐ 거의 확실함 ☐ 매우 그렇다 ☐ 그렇다 ☐ 다소 그렇다 ☐ 그렇지 않음

관계

17. 친구

장애인이 충분한 시간을 함께 보낼 수 있는 친구는 몇 명입니까? (가족 제외)

☐ 매우 많음 ☐ 많음 ☐ 약간 ☐ 한 명 ☐ 한 명도 없음

18. 가족 구성원

장애인과 가족의 접촉은 거의 _____ 발생합니다.

☐ 매일 ☐ 매주 ☐ 매달 ☐ 1년에 2회 ☐ 1년에 2회 미만

19. 친밀함

장애인이 다른 사람과 친밀한 관계를 발전시켜 가는 데 관심이 있는 경우, 이것이 격려되거나 지원됩니까?

☐ 확실히 그러함　　　☐ 매우 그러함　　　☐ 아마도 그러함
☐ 아마도 그렇지 않음　☐ 전혀 그렇지 않음

20. 외부단체

동아리, 교회, 단체, 기타 조직 집단과 같은 외부기관에 장애인이 얼마나 참여합니까?

☐ 빈번하게 능동적으로 참여　　　☐ 가끔씩 능동적으로 참여
☐ 빈번하게 수동적으로 참여　　　☐ 가끔씩 수동적으로 참여
☐ 참여하지 않음

21. 지역사회 내 사회망

장애인은 지역사회 내 _____ 가지고 있습니다.

☐ 친구와 지인으로 구성된 풍부한 지원망
☐ 충분한 숫자의 친구와 지인
☐ 소수의 친구와 지인, 더 많은 친구와 지인을 만들어 가고 있음
☐ 지금은 지속적으로 접촉하는 사람이 없지만 만남을 시작하고 있음
☐ 지금은 사회적 접촉이 없고 앞으로도 계획이 없음

지역사회 장소

22. 지역사회 여가 장소

장애인은 여가를 목적으로 대략 얼마나 자주 그곳에 갑니까? 야구장, 볼링장, 수영장, 지역사회 센터, 교회, 동아리, 극장, 박물관이 이에 해당합니다.

☐ 매일　　☐ 매주　　☐ 매달　　☐ 1년에 2회　　☐ 1년에 2회 미만

23. 이웃 환경

장애인은 대략 얼마나 자주 근처 동네에 갑니까? 공원, 학교, 동네산책, 다른 사람의 집 방문 등이 이에 해당합니다.

☐ 매일　　☐ 매주　　☐ 매달　　☐ 1년에 2회　　☐ 1년에 2회 미만

24. 돈을 소비하는 장소

장애인은 대략 얼마나 자주 지역사회 내 상업시설에 갑니까? 식당, 슈퍼마켓, 커피숍, 백화점, 편의점, 식료품점, 헤어숍, 약국, 은행이 이에 해당합니다.

☐ 매일 ☐ 매주 ☐ 매달 ☐ 1년에 2회 ☐ 1년에 2회 미만

선호도/선택

25. 주거

주거 관련 결정에 있어 장애인의 바람, 선호, 관심은 얼마나 영향을 끼칩니까?
위치, 공간, 가구, 장식, 침실, 구조, 애완동물 등에 대한 의사결정을 고려합니다.

☐ 매우 높은 영향 ☐ 높은 영향 ☐ 어느 정도
☐ 낮은 영향 ☐ 매우 낮은 영향

26. 직업, 학교, 주간활동

장애인의 바람, 선호도, 흥미는 그/그녀가 직업, 학교, 주간활동에서 매일 해야 하는 일을 결정하는 데 중요한 고려사항입니다.

☐ 매우 동의 ☐ 동의 ☐ 다소 동의
☐ 동의하지 않음 ☐ 전혀 동의하지 않음

27. 음식

장애인이 식사 시간, 식단을 선택합니다.

☐ 거의 항상 ☐ 대개 ☐ 가끔 ☐ 거의 아님 ☐ 전혀 아님

28. 외모

장애인은 의복, 개인위생, 머리 모양, 수염, 장신구 등을 포함한 자신의 외모에 영향을 미치는 것을 결정합니다.

☐ 거의 항상 ☐ 대개 ☐ 가끔 ☐ 거의 아님 ☐ 전혀 아님

29. 수면과 기상

장애인은 잠자는 시간, 기상 시간, 낮잠 시간을 결정합니다.

☐ 거의 항상 ☐ 대개 ☐ 가끔 ☐ 거의 아님 ☐ 전혀 아님

30. 여가활동

장애인의 선호도와 관심이 여가 시간에 어디에 갈지, 누구를 방문할지, 무슨 TV 프로그램을 볼지, 무슨 음악을 들을지, 계획된 여가활동에 참여를 거절할지를 포함하여 무엇을 할지 결정하도록 합니다.

☐ 거의 항상　　☐ 대개　　☐ 가끔　　☐ 거의 아님　　☐ 전혀 아님

31. 새로운 경험

장애인은 자신의 관심과 선호도 목록의 일부가 될 수도 있는 새롭고 다양한 경험을 합니다.

☐ 매우 자주　　　　☐ 자주　　　　☐ 종종
☐ 가끔　　　　　　☐ 거의 하지 않음

32. 소소한 일탈

장애인은 흡연, 음주, 과식, 커피, 성 관련 잡지와 같은 소소한 일탈을 할 수 있습니다.

☐ 원하면 언제든지　　　　　　☐ 일부는 언제든지, 다른 것은 허락을 받음
☐ 허락을 받으면 가끔　　　　　☐ 허락을 받으면 종종
☐ 거의 하지 않음

존중

33. 낙인

장애인의 환경과 활동이 낙인의 가능성을 최소화합니다. 장애인은 타인의 시선을 끄는 일과나 다른 장애인과 함께 하는 집단 활동에 참여하지 않습니다. 집, 직장, 학교, 교통수단이 장애인에 대한 부정적 주의를 환기시키지 않습니다.

☐ 매우 동의　　　　☐ 동의　　　　☐ 다소 동의
☐ 동의하지 않음　　☐ 전혀 동의하지 않음

34. 용모

장애인의 용모는 품위와 존중을 촉진합니다. 장애인은 단정하고 상황에 어울리고 적절하며 유행에 맞는 옷을 입습니다.

☐ 매우 동의　　　　☐ 동의　　　　☐ 다소 동의
☐ 동의하지 않음　　☐ 전혀 동의하지 않음

35. 공헌

장애인은 가치 있는 사회적 역할을 합니다. 장애인의 직업 혹은 주간활동은 생산품 혹은 서비스의 중요한 일부이거나 사회에 다른 유익을 줍니다. 만약 학교에 다닌다면, 장애인의 교육은 가치 있는 사회적 역할을 확실히 준비시킵니다.

☐ 매우 동의 ☐ 동의 ☐ 다소 동의
☐ 동의하지 않음 ☐ 전혀 동의하지 않음

36. 공공장소에서의 행동

공공장소에서 장애인의 행동은 다른 사람과 분리되도록 하며 지역사회 수용을 위태롭게 합니다.

☐ 전혀 하지 않음 ☐ 좀처럼 하지 않음 ☐ 종종
☐ 가끔 ☐ 자주

37. 긍정적 모델링

다른 사람이 있을 때 가족과 종사자는 긍정적 사회 이미지를 도모하는 방식으로 장애인과 의사소통합니다.

☐ 매우 동의 ☐ 동의 ☐ 다소 동의
☐ 동의하지 않음 ☐ 전혀 동의하지 않음

역량 향상

38. 효과적인 교수

개인관리, 의사소통, 사회적 상호작용, 지역사회 생활을 향상시키기 위해 사용된 교수전략은 효과적인 것으로 알려져 있으며 일관되게 적용됩니다.

☐ 거의 항상 ☐ 대개 ☐ 가끔 ☐ 거의 아님 ☐ 전혀 아님

39. 기술의 적절성

장애인이 현재 습득하고 있는 기술이 지역사회 삶, 대인관계 형성, 직업 흥미 및 기술 도모를 위한 역량을 향상시키는 데 얼마나 적절합니까?

☐ 완전히 적절 ☐ 매우 적절 ☐ 적당히 적절
☐ 약간 적절 ☐ 적절하지 않음

40. 생활양식의 통제

장애인은 자신의 포부와 목표를 성취하고자 자신의 삶의 상황에 더 많은 통제권을 갖도록 배우고 있습니다.

☐ 매우 동의   ☐ 동의   ☐ 다소 동의
☐ 동의하지 않음   ☐ 전혀 동의하지 않음

지역사회 활동 점검표

이름: _____ 날짜: _____

지역/주소: _____

작성자 이름: _____

'방문' 칸에 장애인이 지난 2주 동안(조사 직전 14일 동안) 다녀온 지역사회 장소를 표기해 주십시오. 그 옆의 두 칸에는 기관 종사자의 동반 여부를 표시하고, 마지막 칸에는 장애인이 그 경험을 즐거워했는지를 표기하시기 바랍니다. 방문한 장소가 한 군데 이상이라면 그 장소를 가장 잘 설명할 수 있는 곳을 선택하십시오. 점검표의 목록에 없는 장소라면 '기타'에 표시하고 빈 공간에 그 장소의 이름을 적으십시오.

주석: 여기서 활동이라 함은 지역사회 환경에서만 이루어진 것입니다. **지역사회 환경**은 그곳에 있는 대부분의 사람이 발달장애를 가지고 있지 않은 장소이거나 발달장애인을 위한 서비스나 지원 이외의 목적을 지닌 장소로 정의됩니다.

방문	종사자 동반	혼자 방문	즐거워함		방문	종사자 동반	혼자 방문	즐거워함	
Y N	○	○	Y N		Y N	○	○	Y N	
Y N	○	○	Y N	친구 집	Y N	○	○	Y N	퍼레이드
Y N	○	○	Y N	가족 집	Y N	○	○	Y N	파티/나들이/바베큐
Y N	○	○	Y N	친구 직장	Y N	○	○	Y N	약국
Y N	○	○	Y N	가족 직장	Y N	○	○	Y N	연극/콘서트/연주회
Y N	○	○	Y N	공항, 기차역, 버스정류장	Y N	○	○	Y N	레크리에이션/여가 수업
Y N	○	○	Y N	자동차 정비소	Y N	○	○	Y N	종교 서비스/예배 장소
Y N	○	○	Y N	은행	Y N	○	○	Y N	음식점
Y N	○	○	Y N	미용실/이발소	Y N	○	○	Y N	상점
Y N	○	○	Y N	세탁소	Y N	○	○	Y N	관광
Y N	○	○	Y N	동아리 모임	Y N	○	○	Y N	예정된 여행
Y N	○	○	Y N	공원	Y N	○	○	Y N	스포츠 혹은 체육 활동(참가자로)
Y N	○	○	Y N	편의점	Y N	○	○	Y N	슈퍼마켓
Y N	○	○	Y N	개인병원(예: 일반적 의료진단)	Y N	○	○	Y N	비디오 가게
Y N	○	○	Y N	교육 강좌	Y N	○	○	Y N	자원봉사 활동

방문	종사자 동반	혼자 방문	즐거워함		방문	종사자 동반	혼자 방문	즐거워함	
Y N	○	○	Y N		Y N	○	○	Y N	
Y N	○	○	Y N	전시회/공연	Y N	○	○	Y N	직장
Y N	○	○	Y N	박람회/페스티벌	Y N	○	○	Y N	동물원/아쿠아리움/자연공원
Y N	○	○	Y N	패스트푸드 음식점					기타(아래 빈 공간에 직접 기재할 것)
Y N	○	○	Y N	게임방/아케이드/여가활동 시설	Y N	○	○	Y N	
Y N	○	○	Y N	체육관/운동시설	Y N	○	○	Y N	
Y N	○	○	Y N	취미용품 상점	Y N	○	○	Y N	
Y N	○	○	Y N	빨래방	Y N	○	○	Y N	
Y N	○	○	Y N	도서관	Y N	○	○	Y N	
Y N	○	○	Y N	스포츠 경기(관람객으로)	Y N	○	○	Y N	
Y N	○	○	Y N	쇼핑몰	Y N	○	○	Y N	
Y N	○	○	Y N	영화관/극장	Y N	○	○	Y N	
Y N	○	○	Y N	박물관	Y N	○	○	Y N	
Y N	○	○	Y N	야외활동(예: 산책, 공원, 바닷가)	Y N	○	○	Y N	

의사결정과 만족도 면담

이름: _____ 날짜: _____

지역/주소: _____

부모님 혹은 옹호인 이름: _____

면담자 이름: _____

이 면담은 장애인, 부모 혹은 적절할 경우 옹호자와 진행합니다. 질문에 응답하는 사람이 누구인지와 상관없이 반드시 장애인의 입장에서 답변해야만 합니다. 만약 응답자가 질문의 의미를 정확히 파악하지 못한다면 다른 말로 바꾸어 주십시오. 모호하고 불충분한 대답을 명확하기 하기 위해 추가적인 정보를 이끌어 내시기 바랍니다.

라포 형성

먼저 촉진자(이름)가 돕고 있는 장애인의 개인중심계획에 대한 가벼운 논의에 장애인을 참여시키십시오. 개인중심계획에 대한 질문과 장애인이 얼마나 행복한지 묻고자 한다는 것을 그/그녀에게 알려주십시오(면담자가 더 정교화시킬 수 있습니다).

계획 절차

1. 개인중심계획이 여러분의 삶을 정말 많이 변화시켰다고 생각하나요? [장애인이 질문을 이해하지 못할 경우 그/그녀가 참여했던 것을 언급하거나 촉진자(이름)와 함께한 계획을 언급하면서 바꾸어 설명하십시오.]

2. '예'라고 대답하면, 어떻게 변화시켰는지 이야기해 달라고 요청하십시오.

3. 개인중심계획에서 가장 좋았던 점은 무엇인가요? (혹은 개인중심계획 회의에서 좋았던 점을 말해줄 수 있나요?)

4. 여러분의 개인중심계획 회의를 개선시킬 수 있는 방법이 있다고 생각하나요?

5. '예'라고 대답하면 어떻게 하면 좋겠는지 이야기해 달라고 요청하십시오.

6. 개인중심계획 회의 동안 여러분이 말하는 것을 다른 사람들이 경청하였나요?

7. 여러분의 삶에 대한 중요한 의사결정이 이루어졌나요?

8. '예'라고 대답하면 예시를 들어 달라고 요청하십시오.

9. 여러분의 삶에 대한 더 많은 의사결정을 하고 싶나요? (혹은 여러분이 말하는 것을 사람들이 더 관심 있게 듣기를 원하나요?)

10. '예'라고 대답하면 무엇에 대해 의사결정을 하고 싶은지 물어보십시오.

전반적 만족감

여기서는 다음의 삶의 영역에 만족하는지와 어느 영역에서 지원이 필요한지를 물어보십시오. 필요한 경우 명확성을 위해 삶의 영역을 다른 말로 바꾸어 주십시오.

다음의 삶의 영역에 만족하나요?
('예' 혹은 '아니요'로 적으세요.)

다음의 삶의 영역에 도움을 원하나요?
('예' 혹은 '아니요'로 적으세요.)

만족	도움
_____ 관계	_____ 관계
_____ 주거	_____ 주거
_____ 직업, 학교, 주간활동	_____ 직업, 학교, 주간활동
_____ 지역사회 참여	_____ 지역사회 참여
_____ 지역사회 역량	_____ 지역사회 역량
_____ 존중	_____ 존중
_____ 신체적 · 행동적 건강	_____ 신체적 · 행동적 건강
_____ 선호도와 선택	_____ 선호도와 선택

면담 동안 장애인이 얼마나 많은 정보를 직접 제공하였습니까?

1. 장애인이 모든 질문에 답변함(즉, 다른 사람의 정보가 요구되지 않음)

2. 장애인이 대부분의 질문에 답변함(즉, 다른 사람으로부터 약간의 정보가 요구됨)

3. 장애인이 일부 질문에 답변함(즉, 다른 사람으로부터 많은 정보가 요구됨)

4. 장애인이 질문에 전혀 답변을 못함(즉, 다른 사람으로부터 모든 정보가 요구됨)

개인중심계획 촉진 충실도 평가

이름: _____ 날짜: _____

촉진자 이름: _____

주소: _____

회의에 참여한 사람 수: _____

장애인의 회의 참석 여부: _____

각각 문항에 예, 아니요, 해당 없음으로 적어 주십시오. 본 서식을 작성하기 전에 설명과 평가 준거를 확인하십시오.

회의 준비

_____ 1. 회의의 날짜와 시간이 장애인에게 편하였다.

_____ 2. 회의 장소는 적절하였다.

_____ 3. 협의를 도모하는 좌석 배치가 이루어졌다.

_____ 4. 다과가 준비되었다.

_____ 5. 차트 작성을 위한 준비물(플립 차트, 마커)이 구비되었다.

_____ 6. 시의적절한 통보, 가능한 경우 교통지원을 포함하여 관계자들이 회의에 참석할 수 있도록 노력하였다.

회의 촉진

_____ 7. 회의 시작 시 촉진자는 회의 목적을 진술하였다.

_____ 8. 회의 초기에 보류된 실행계획 상태를 포함한 진전사항은 검토되었다.

_____ 9. 촉진자는 장애인 및 관련 이슈들에 대한 상세한 정보를 이끌어 내고자 면밀한 개방형 질문을 하였다.

_____ 10. 촉진자는 장애인의 관심과 바람에 중점을 둔 논의를 계속 유지했다.

_____ 11. 촉진자는 결함을 고치기보다 역량을 강화하는 방향을 지향했다.

_____ 12. 회의 전반에 걸쳐서 촉진자는 모호한 정보와 불분명한 이슈의 설명을 구하였다.

_____ 13. 촉진자는 긍정적인 태도를 나타냈다.

_____ 14. 촉진자는 문제해결 동안 창의적인 해결책을 도모했다.

_____ 15. 현 체제의 조건이 장애인의 바람을 성취하는 것을 방해하는 경우 성취의 대안적 방법
이 논의되었다.

_____ 16. 촉진자는 문제해결 시 합의를 끌어냈다.

_____ 17. 참여자들이 정보를 공유하면 촉진자는 그들에게 긍정적 피드백을 주었다.

_____ 18. 차트를 사용한 경우 그것은 팀 구성원이 장애인에 대한 일반적인 이해를 돕기 위한 방
식으로 정보를 전달했다.

_____ 19. 후속 절차를 위한 전략과 책임을 명확하게 하였다.

_____ 20. 회의 동안 모든 참가자는 정보를 제공하였다.

_____ 21. 회의의 마지막에 실행계획이 요약되었다.

_____ 22. 회의의 진행 과정에 대한 기록은 꾸준히 이루어졌다.

메모: _____

_____

개인중심계획 촉진 충실도 평가를 위한 설명 및 평가 준거

개인중심계획 촉진 충실도 평가로부터 얻은 정보는 촉진자가 열거된 **22개의 개인중심계획 회의 요소**를 충실하게 지켰는지 결정하기 위해 사용됩니다. 그 결과는 촉진자 혹은 팀원 전체에게 피드백을 제공하고 개인중심계획 운영의 질을 유지하고자 그들과 공유될 수 있습니다. 또한 그 결과는 기술된 항목과 준거에 의해 정의된 계획 과정의 충실도 정도를 보고하는 연구도구로 사용될 수 있습니다.

평가는 회의 직후에 되도록 독립된 관찰자(계획팀에 소속되지 않은 사람)에 의해 반드시 이루어져야만 하며, 이것이 불가능하거나 그 관찰자가 회의에 참석하는 것을 장애인이 불편해할 경우에는 계획팀의 구성원이 평가 문항에 응답할 수도 있습니다.

다음의 준거는 질문에 '예' '아니요' 혹은 '해당 없음'으로 명기하는 것을 도와줍니다.

1. 회의 날짜와 시간은 장애인에게 편하였다.

날짜와 시간은 반드시 장애인에게 편하게 정해져야 합니다. 평가자는 회의를 준비할 때 이러한 요소들이 고려되었는지에 대해 조사해야만 합니다. 장애인의 참석이 불가능한 경우라면 '해당 없음'으로 표기하십시오.

2. 회의 장소는 적절하였다.

회의는 충분한 공간이 있는 장소에서 해야만 합니다. 참석자들은 답답하지 않게 편안하게 앉을 수 있어야만 합니다. 벽은 차트를 걸 수 있어야만 합니다. 타인의 업무에 대응하는 직원, 지나친 소음, 부적절한 실내 온도나 조명과 같은 방해를 최소화하여 편안한 분위기여야 합니다. 개인적 이슈를 자유롭게 말하는 것이 편안할 수 있도록 장애인과 팀원에게 충분히 비밀이 유지되는 공간이어야만 합니다.

3. 협의를 도모하는 좌석 배치가 이루어졌다.

참여자는 쉽게 서로를 보고 이야기를 들을 수 있어야만 합니다. 차트는 잘 보여야만 합니다. 기관 종사자가 아닌 사람(예: 장애인, 가족 구성원, 친구)은 더 잘 참여할 수 있도록 촉진자 앞이나 가까이 앉아야만 합니다. 그들의 상호작용이 방해가 되도록 자리가 배치되면 안 됩니다(사람들 뒤에 앉거나 그룹으로부터 멀리 떨어져 앉으면 안 됩니다).

4. 다과가 준비되었다.

음식이나 음료는 사회적 과정을 도모합니다. 최소한의 음료라도 반드시 제공해야 합니다.

5. 차트 작성을 위한 준비물(플립 차트, 마커)이 구비되었다.

차트 작성은 회의 진행 과정을 한눈에 알아볼 수 있도록 정보로 제공하여 팀원 간의 의사소통과 문제해결을 향상시킬 수 있습니다. 이러한 차트는 이슈의 확장과 명료화를 위해 회의 내내 참고할 수도 있습니다. 또한 후속 회의에서 게시될 수도 있습니다. 차트 작성은 개인중심계획 과정의 고유한 특성이며, 특히 계획의 초기 단계에서 중요합니다. 차트 작성을 위한 준비물은 충분하고, 사용 가능하며 회의실에 구비되어 있어야만 합니다.

6. 시의적절한 통보, 가능한 경우 교통지원을 포함하여 관계자들이 회의에 참석할 수 있도록 노력하였다.

평가자는 회의에 주요한 사람들을 참여시키고자 한 노력에 대해 은밀히 알아보아야만 할 수도 있습니다. 촉진자는 장애인을 잘 알고 있고 계획 절차에 기여할 수 있으며 장애인의 더 나은 삶의 추구를 기꺼이 도와줄 수 있는 사람을 반드시 초대해야 합니다. 그런 사람은 장애인, 가족 구성원, 친구, 관련 직원을 포함하지만 그들만으로 제한된 것은 아닙니다. 이는 임상회의가 아닙니다. 만약 모든 참석자가 복지 서비스 제공자라면 '아니요'로 답하십시오. 불가능하거나 금기시된 경우가 아니라면, 장애인은 회의에 참석해야만 하며 다른 참석자들과 함께 있는 것을 편안하게 느껴야만 합니다.

7. 회의 시작 시 촉진자는 회의 목적을 진술하였다.

회의를 시작할 때마다 촉진자는 회의를 하는 이유를 간단하게 진술하고 팀이 하게 될 일에 대한 대략적인 설명을 제공합니다. 절차가 잘 진행된 후 후속회의에서도 촉진자는 그 특별한 회의의 목적을 요약하고 참여자들을 위해 미리 회의 내용을 제공해야만 합니다.

8. 회의 초기에 보류된 실행계획 상태를 포함한 진전사항은 검토되었다.

초기에 촉진자는 이전 회의의 성공과 발전사항을 검토해야만 합니다. 촉진자는 반드시 보류된 전략과 실행 단계 각각을 검토하고, 관련 참여자에게 그들이 하겠다고 말한 내용을 보고하도록 요청해야만 합니다.

9. 촉진자는 장애인 및 관련 이슈들에 대한 상세한 정보를 이끌어 내고자 면밀한 개방형 질문을 하였다.

장애인의 삶에 대한 중요하지만 자주 간과되는 정보를 이끌어 내기 위해 촉진자는 팀원들에게 말을 시켜야만 합니다. 효과적인 촉진자는 다양한 형식의 질문을 사용합니다. 예를 들어, "○○(당사자)가 이전에 상점에 가 본 적이 있습니까?"라고 질문하는 대신 "지역사회의 어디를 가나요?"라고 묻습니다. 비슷하게 "수영을 좋아하나요?"라고 질문하는 대신 "무엇을 하는 것을 좋아하나요?"라고 질문할 수 있습니다. '예' 혹은 '아니요'와 같은 대답이 충분한 정보를 주지 못할 경우 촉진자는 "그것에 대해 좀 더 말씀해 주실 수 있나요?"와 같은 추가 질문을 해야만 합니다.

10. 촉진자는 장애인의 관심과 바람에 중점을 둔 논의를 계속 유지했다.

장애인의 관심과 바람이 주안점이 되어야만 합니다. 팀이 거기서 벗어나는 경우 촉진자는 장애인을 향한 논의로 방향을 되돌려야만 합니다. 만약 팀이 무엇을 향해 노력해야만 하는지, 그것이 소소한 이슈(예: 새 코트의 색깔)인지 혹은 광범위한 이슈(예: 이사 갈 동네의 가장 좋은 유형)인지를 혼란스러워 할 경우 촉진자는 장애인이 원하는 것에 초점을 맞추게 해야 합니다. 비록 장애인의 관심이 중요하지만 때때로 촉진자는 팀이 장애인의 건강과 안전 간의 균형을 맞추는 의사결정을 하도록 해야 합니다.

11. 촉진자는 결함을 고치기보다 역량을 강화하는 방향을 지향했다.

촉진자는 장애인의 강점, 능력, 관심에 대한 정보를 요청해야 하며, 이러한 정보를 활용하여 더 나은 삶의 질을 위한 아이디어를 발전시켜야 합니다. 성취에 장애물처럼 보이는 임상적 이슈나 장애인의 약점을 논의하는 데 많은 시간을 소비해서는 안 됩니다. 촉진자의 역할은 전문적 교정이나 개선을 위해 결함을 확인하는 것이 아닙니다. 오히려 촉진자는 사회적 통합을 촉진하는 장애인의 현재 기술과 역량을 확인하고 강화해야만 합니다.

12. 회의 전반에 걸쳐서 촉진자는 모호한 정보와 불분명한 이슈의 설명을 구하였다.

때때로 참여자가 불명확하고 다양한 의미를 지닌 용어나 줄임말을 사용하거나 입에 발린 말만 하는 경우 팀원은 설명을 요청하지 않습니다. 모든 사람이 이해할 수 있도록 그러한 정보의 설명을 구하는 것은 촉진자의 책임입니다. 이와 유사하게 하나의 이슈나 문제에 다양한 측면이 있을 때 촉진자는 그러한 측면들을 반드시 재서술하고 팀의 문제해결을 돕고자 그것들을 제시해야 합니다.

13. 촉진자는 긍정적인 태도를 나타냈다.

촉진자는 장애인의 긍정적인 특성에 초점을 맞추고, 팀이 장애인의 더 나은 삶의 질의 모습을 그려 보도록 돕는 데 있어 열정을 보여야만 합니다. 촉진자는 그 가능성에 대한 흥분을 불러일으키고 그 모습을 실현시키는 데 자신감을 고취시키는 방식으로 팀을 이끌어야만 합니다. 난제들이 극복할 수 없을 것처럼 드러나거나 대책이 없어 고갈 상태에 있을 때 촉진자는 팀원에게 지금까지의 성취와 그들의 사명의 중요성을 상기시켜 자신감을 유지시켜야 합니다.

14. 촉진자는 문제해결 동안 창의적인 해결책을 도모했다.

촉진자는 장애인이 목표를 성취하도록 도와주는 데 있어 의욕적인 자세를 전달합니다. 다른 사람의 관점을 경청하고 그들의 아이디어에 개방적일 때 구성원들은 창의적인 사고를 격려받습니다. 참여자들은 '크게 생각'하거나 '원대한 꿈'을 꾸도록 격려받고 그 꿈을 실현시킬 수 있는 혁신적인 방법을 상상하도록 고무됩니다. 비판이 없을 때 구성원은 가능한 해결책을 더 잘 떠올리고 문제해결의 다양한 방법을 더 잘 도출해 내는 것 같습니다.

15. 현 체제의 조건이 장애인의 바람을 성취하는 것을 방해하는 경우 성취의 대안적 방법이 논의되었다.

체제 정책, 구조 혹은 자원의 부족이 장애인의 목표 성취를 방해할 때, 촉진자는 목표 성취를 위한 노력을 단념하기보다는 창의적인 문제해결을 도모해야만 합니다. 예를 들어, 팀은 목표 성취를 위해 외부 자원을 얻을 수 있는 방법을 협의하거나 장애인에게 적합한 다양한 내부 체제 정책, 구조 등과 같은 가능성을 논의할 수 있습니다. 만약 해결책을 방해하는 체제조건의 논의가 필요하지 않았다면 '해당 없음'으로 표기하십시오.

16. 촉진자는 문제해결 시 합의를 끌어냈다.

모든 사람을 계획 절차에 참여시키고 투입하여 촉진자는 해결책을 찾아야만 합니다. 해결책은 장애인의 생각을 포함하며 구성원들의 공유된 아이디어를 반드시 반영해야만 합니다. 해결책이 추구하는 목표를 검토하고 아이디어의 차이점을 명료화하고 협의합니다. 충분한 동의가 이루어지지 않을 경우 해결책을 신중하게 고려하여 팀 구성원 대부분이 수용할 수 있는 하나를 선택합니다.

17. 참여자들이 정보를 공유하면 촉진자는 그들에게 긍정적 피드백을 주었다.

팀 구성원이 개인중심 절차에 공헌하는 정보를 공유하면 긍정적인 반응(예: 미소, 고개 끄덕임, 격려하는 말)을 해야만 합니다. 그러한 피드백의 부재는 구성원의 의견을 제한할 것입니다. 촉진자가 이러한 방식으로 참여자에게 충분히 보답하지 않았다고 믿는다면 그때 '아니요'에 표시하십시오.

18. 차트를 사용한 경우 그것은 팀 구성원이 장애인에 대한 일반적인 이해를 돕기 위한 방식으로 정보를 전달했다.

차트는 모든 사람이 쉽게 볼 수 있도록 벽에 걸거나 게시되어야만 합니다. 문자와 그래픽 정보는 명확하고 쉽게 이해될 수 있는 방식으로 표현되어야만 합니다. 차트에 적힌 정보는 장애인을 포함하여 참여자들의 기여를 반영해야만 합니다. 정보는 장애인의 이력, 관심, 목표, 감정에 대한 더 나은 이해를 전달해야만 합니다. 회의 동안 차트의 내용은 자주 요약되어야만 합니다.

19. 후속 절차를 위한 전략과 책임을 명확하게 하였다.

팀원이 개인중심계획 관련 실행계획에 헌신하고자 할 때 촉진자는 반드시 전략을 재진술하거나 명료하게 하고, 이행될 실행계획을 문서화하고, 그 실행의 성취를 위한 기간을 확인해야만 합니다.

20. 회의 동안 모든 참가자는 정보를 제공하였다.

촉진자는 회의 동안 모든 팀원이 의사 표현을 했다고 확신해야만 합니다. 그러한 참여를 확신하기 위해 촉진자는 특정 이슈에 대한 의견을 내도록 각 사람에게 질문을 하거나 회의를 종결하기 전 회의에 대한 인상을 말하도록 요청할 수 있습니다. 만약 장애인이 명확하게 의사소통을 할 수는 없지만 그 장애인을 잘 알고 있는 사람들이 그를 대변하였다면 '예'에 표기하십시오. 장애인이 의사소통할 수 있지만 회의 동안 정보를 제공하지 않았다면 '아니요'에 표기하십시오.

21. 회의의 마지막에 실행계획이 요약되었다.

회의를 마칠 때, 촉진자는 반드시 실행 단계를 검토해야만 합니다. 가급적이면 참고 자료로 차트를 활용하여 촉진자는 각 전략, 그 전략을 책임지고 실행할 사람, 성취를 위한 기간을 재진술하고 팀원에게 그들의 임무를 다시 한번 알려 주어야만 합니다.

22. 회의의 진행 과정에 대한 기록은 꾸준히 이루어졌다.

벽보나 노트와 같은 유형의 문서화된 기록은 회의가 진행되는 동안에 반드시 이루어져야 합니다. 문서화된 기록은 팀의 화합을 유지하고 후속 절차를 촉진하며 문제해결을 향상시키는 데 사용됩니다.

개인중심계획 팀 실행도 평가

이름: _____ 날짜: _____

촉진자 이름: _____

주소: _____

회의 참석 여부: 예 _____ 아니요 _____

회의에 참여한 사람 수(독립된 관찰자는 세지 않음): _____

항목들은 개인중심계획 회의 동안 팀원 간의 상호작용을 보여 주고 있습니다. 다음 항목에서 회의 동안 발생한 것으로 관찰된 지표의 정도를 평가하십시오. (회의가 끝나는 즉시 이 질문지를 완성하십시오.)

지표	전혀 없음	팀 구성원 일부	팀 구성원 대부분	팀 구성원 모두	해당 없음
1. 회의 동안 일상적 용어를 사용하였다(즉, 전문 용어 피하기).					
2. 문제는 생활양식 개선을 위한 기회로 생각하였다.					
3. 문제를 위한 해결책을 제안하였다.					
4. 장애인을 존중하였다.					
5. 다른 팀원의 말을 경청하였다.					
6. 다른 사람의 의견을 숙고하였다.					
7. 중요한 팀원의 부재로 인해 문제해결 과정이 방해받지 않았다.					
8. 장애인에 의한 의사결정을 촉진했다.					
9. 장애인의 선호도와 선택을 존중했다.					

지표	전혀 없음	팀 구성원 일부	팀 구성원 대부분	팀 구성원 모두	해당 없음
10. 팀원 혹은 기관보다는 장애인을 중심에 두고 협의를 지속하였다.					
11. 장애인에 대한 그들의 기대가 부정적이지 않았다.					
12. 이전 회의에서 결정된 임무를 점검하였다.					

개인중심계획 팀 실행도 평가를 위한 설명과 평가 준거

개인중심계획 팀 실행도 평가로부터 얻은 정보는 개인중심계획 회의에 참석한 **팀원 간의 상호작용 지표 12가지**를 충실하게 지켰는지 결정하기 위해 사용됩니다. 그 결과는 팀원에게 피드백을 제공하고 개인중심계획 운영의 질을 유지하고자 그들과 공유될 수 있습니다. 또한 그 결과는 다음의 항목과 준거에 의해 정의된 계획 과정의 충실도 정도를 보고하기 위한 연구도구로 사용될 수 있습니다.

평가는 회의 직후에 되도록 독립된 관찰자(계획팀에 소속되지 않은 사람)에 의해 반드시 이루어져야만 하며, 이것이 불가능하거나 그 관찰자가 회의에 참석하는 것을 장애인이 불편해할 경우에는 계획팀의 구성원이 평가 문항에 응답할 수도 있습니다.

다음의 준거는 질문에 '예' '아니요' 혹은 '해당 없음'으로 명기하는 것을 도와줍니다.

1. 회의 동안 일상적 용어를 사용하였다(즉, 전문 용어 피하기).

팀원은 집에 있는 것처럼 혹은 친구와 함께 있는 것처럼 이야기합니다. 회의 동안 전문 용어 사용은 피합니다.

2. 문제는 생활양식 개선을 위한 기회로 생각하였다.

팀 구성원은 회의 동안 드러난 어려움을 활용하고, 그 어려움을 변화의 기회로 전환합니다. 만약 문제가 드러나지 않는다면 '해당 없음'으로 표기합니다.

3. 문제를 위한 해결책을 제안하였다.

문제가 드러날 때 팀원은 해결책을 제안하는 데 적극적입니다. 이는 팀원이 문제해결에 관심이 있으며, 해결책을 위해 다른 사람이 함께 노력하도록 하는 데 중요한 역할을 함을 의미합니다.

4. 장애인을 존중하였다.

팀원은 논의 과정에 장애인을 포함시키거나 의견을 묻거나, 대안을 제공하고 동의를 구합니다. 팀원은 장애인을 언급할 때 존중하는 모습을 보여 주고 눈을 맞춥니다. 장애인에 대해 이야기할 때 팀은 그/그녀가 없는 것처럼 이야기하는 것을 삼갑니다. 만약 장애인이 성인이라면 팀원은 그/그녀를 어린 아이처럼 여기고 대화하거나 장애인에 대해 이야기하는 것을 삼갑니다. 만약 장애인이 그 자리에 없었다면 '해당 없음'으로 표기합니다.

5. 다른 팀원의 말을 경청하였다.

다른 구성원이 이야기할 때 팀원은 적극적인 경청 기술을 사용합니다. 발표자가 말할 때 그 사람을 쳐다보며 의견, 피드백, 제안을 내기 전에 그 사람이 이야기를 끝마치기를 기다립니다. 회의 동안 서로에게 집중하고, 뜨개질이나 휴대용 개인 단말기를 쳐다보는 행동처럼 딴짓을 하지 않으며 회의 동안 다른 업무를 처리하지 않습니다. 논의에 참여할 때 구성원들은 아무런 관련 없는 내용보다는 직전의 발표자가 말한 것에 대한 견해를 밝힙니다.

6. 다른 사람의 의견을 숙고하였다.

팀 구성원은 회의 동안 다른 구성원이 말하는 내용을 생각합니다. 그들은 다른 구성원의 의견이나 주장에 '동의합니다' 혹은 '동의하지 않습니다'와 같은 문구를 사용하여 반응하거나 그들의 반응에 대해 좀 더 설명을 합니다.

7. 중요한 팀원의 부재로 인해 문제해결 과정이 방해받지 않았다.

중요한 역할을 하는 팀원이 참석하지 못했더라도 다른 구성원이 여전히 기여하고 팀으로서 역할을 합니다. 문제는 협의되고 해결책은 고려됩니다.

8. 장애인에 의한 의사결정을 촉진했다.

팀원은 이슈에 대해 의견을 내도록 장애인을 격려합니다. 만약 장애인이 참여하기를 주저한다면 팀원은 참여를 이끌어 내기 위해 노력합니다. 만약 장애인이 이슈를 이해하지 못한다면 팀원은 그/그녀가 이해할 수 있도록 설명하기 위해 노력합니다. 만약 장애인이 참석하지 않았다면 '해당 없음'으로 표기합니다.

9. 장애인의 선호도와 선택을 존중했다.

팀원은 장애인이 선호나 선택을 표현할 때 경청합니다. 구성원은 그 내용이 터무니없게 들려도 그것을 노골적으로 묵살하거나 무시하기보다는 그 아이디어를 깊게 고려합니다. 팀 구성원은 최소한 초기에는 그 의견에 호의적이고 긍정적으로 반응하고 그 선택이 건강이나 안전을 확실하게 위협한다면 대안을 협의하기 위해 노력합니다.

10. 팀원 혹은 기관보다는 장애인을 중심에 두고 협의를 지속하였다.

협의는 원칙적으로 장애인을 중심에 둡니다. 팀은 다른 팀원의 별 관련이 없는 견해에 의해 교란되지 않습니다. 대화가 주제를 빗겨 가기 시작하면 팀원은 대화가 장애인과 개인중심 절차로 다시 돌아가도록 안내합니다.

11. 장애인에 대한 그들의 기대가 부정적이지 않았다.

팀원은 장애인의 포부에 대한 긍정적 태도를 유지합니다. 전반적인 태도는 장애인이 그/그녀의 목표를 성취하기 얼마나 어려운지보다는 장애인이 자신이 추구하는 것에 성공할 수 있다는 것입니다.

12. 이전 회의에서 결정된 임무를 점검하였다.

후속 절차에 대한 협의에 의해 명시된 것처럼 팀원은 마지막 회의 동안 약속한 활동 혹은 계획을 이행합니다.

PICTURE의 11가지 원칙: 우리 팀은 무엇을 향하여 노력하고 있는가

팀 구성원: _____ 날짜: _____

촉진자: _____

이 설문지는 개인중심계획 팀원이 반드시 작성해야 합니다. 팀의 현재 계획 진행 과정에 비추어 각 원칙에 대해 구성원이 합의에 도달하는 동안 촉진자는 이 활동을 이끌어야 합니다. 세 가지 보기 중 어느 것이 장애인을 도우려는 팀의 노력에 가장 가까운지를 결정하고, 팀 구성원 혹은 촉진자는 해당 빈칸에 적절한 기호를 쓰십시오.

A: 우리 팀은 이를 위해 노력하고 있다.

B: 우리 팀은 이를 고려하지만 적극적으로 추진하지는 않는다.

C: 우리 팀은 이를 고려하지 않고 있다.

_____ 장애인은 반드시 비장애인처럼 살아야 한다.

PICTURE는 낙인이 제거되고, 장애인이 단지 서비스로만 구성된 세상에 갇혀 있는 것이 아니라 주류 문화에 포함되는 것을 추구한다.

_____ 개별화가 중요하다.

PICTURE는 개별적 의사결정을 도모하고 장애인의 경험을 확장시키고 그들의 능력을 개발시키고자 일과나 일정의 개별화를 추구한다.

_____ 기관은 반응적이어야만 한다.

PICTURE는 개인중심 지원과 서비스를 도모하기 위해 계획, 구조, 정책, 직원 배치, 자원 분배, 평가 형식을 변경하도록 기관에 영향을 미치고자 노력한다.

_____ 기관 종사자가 지원자가 되어야만 한다.

PICTURE는 종사자가 더 건설적이고 창의적으로 일하도록 역량을 강화시키고자 하며, 이렇게 하여 장애인과 종사자 둘 다에게 더 만족할 만한 관계를 만든다.

_____ 지역사회 구성원이 반드시 참여해야만 한다.

PICTURE는 장애인이 지역사회로 돌아갈 수 있도록 장애인을 위한 지역사회 서비스와 지원의 개발을 촉진한다. 만약 장애인이 이미 지역사회에 살고 있다면 계획팀은 선호되는 지역사회 참여의 수준을 향상시켜야 한다.

_____ 진정한 우정은 지역사회에 있다.

진정한 우정 개발의 선수조건으로 장애인은 지역사회에 노출되고 지역사회 구성원은 장애인과 접촉해야만 한다.

_____ 가족을 참여시킨다.

PICTURE는 가족에게도 권한을 주고자 하며, 그들의 사랑하는 가족과의 정기적인 만남을 박탈당하고 저지당했던 가족들을 재결합시키고자 한다.

_____ 현재 상황에서 시작하고 가지고 있는 것을 활용한다.

PICTURE는 개인중심 접근과 일치되는 전문 서비스 및 체제 구성요소를 버리지 않고 그것을 필요로 한다.

_____ 팀 구성원은 각자 책임을 진다.

팀원이 자발적으로 그 업무의 완수를 떠맡기 때문에 PICTURE의 목표가 성취된다.

_____ 전인적 관점에서 바라본다.

PICTURE는 장애인의 어느 한 가지 측면에만 과잉집중하지 않도록 참가자들에게 요구한다. 한 사람의 이력, 능력, 포부가 더 나은 삶의 모습을 구성하기 위해 어떻게 통합되는지 보려면 장애인 삶의 다양한 측면을 고려하거나 그/그녀의 전부를 보아야 한다.

_____ 자연스러운 활동 참여가 촉진된다.

PICTURE는 더 흥미롭고 생산적인 활동 패턴을 추구한다. 선호하는 기회의 자극은 자연스럽게 활동에 참여하도록 만든다.

개인중심적 기관 분위기 조사

직위: _____   날짜: _____

이 조사지는 여러분 기관의 분위기가 어느 정도 개인중심적으로 이루어져 있는지 알아보기 위하여 개발되었습니다. 후일에 이 조사지를 다시 작성해야 할 수도 있습니다. **모든 답은 절대적으로 비밀이 유지될 것입니다. 조사지에 여러분의 이름을 기입하지 마십시오.**

각각의 항목에서 여러분이 느낀 점을 해당 칸에 체크해 주십시오.

지표	동의하지 않음	별로 동의하지 않음	약간 동의함	동의함
1. 기관은 장애인의 개인적 목표 성취를 돕는 방법을 찾는 데 내가 창의적이 되도록 격려한다.				
2. 직원은 장애인이 지역사회에 참여할 수 있는 기회에 대해 정기적으로 가족 구성원과 이야기한다.				
3. 기관은 프로그램의 일부로써 장애인의 관심을 지원하지 않을지라도 장애인이 그들의 관심을 추구하도록 돕는다.				
4. 지역사회 통합을 방해하는 문제에 대한 해결책을 찾도록 기관은 직원의 역량을 강화한다.				
5. 기관은 스스로를 옹호하기 위해 원하는 것을 요청하도록 장애인을 격려한다.				
6. 장애인이 원하는 것을 얻도록 돕고자 기관 측은 위험을 감수한다.				
7. 기관은 장애인이 잘하는 것을 기반으로 하도록 직원을 격려한다.				
8. 장애인이 자신의 관심을 추구하는 것을 돕고자 기관은 목표와 절차를 기꺼이 변경한다.				
9. 기관에서 서비스를 받는 장애인은 그들의 꿈과 야망을 성취하고 있다.				
10. 장애인이 삶을 살아가는 방식에 더 많은 선택을 하도록 돕는 데 있어 기관은 나의 역할을 명확하게 설명한다.				

지표	동의하지 않음	별로 동의하지 않음	약간 동의함	동의함
11. 기관 측은 각 장애인의 포부에 주안점을 두고 잘 이루어지고 있는 것과 그렇지 않은 것을 직원에게 정기적으로 질문한다.				
12. 기관에서 서비스를 받는 장애인은 대집단보다는 혼자 혹은 1~2명의 다른 사람과 함께 지역사회 활동에 참여하고는 한다.				
13. 기관은 장애인의 선택과 선호를 존중하도록 나를 격려한다.				
14. 기관은 장애인이 지역사회에 더 많이 통합되도록 돕는 데 필요한 교육을 나에게 제공한다.				
15. 기관은 장애인이 더 나은 대인관계를 맺도록 돕는 데 필요한 교육을 나에게 제공한다.				
16. 기관은 장애인이 더 독립적으로 의사결정을 하도록 돕는 데 필요한 교육을 나에게 제공한다.				
17. 장애인은 대집단보다는 혼자 혹은 1~2명의 다른 사람과 함께 지역사회 활동 참여를 위해 이동한다.				

계획 실행 방해요소 평가지

이름: _____ 날짜: _____

촉진자 이름: _____

이 서식은 계획팀이 장애인을 위해 성취하고자 애쓰는 성과에 영향을 미치는 기관 차원의 장애물에 대해 관리팀에게 피드백을 제공합니다. 촉진자 또는 지명된 사람이 다음과 같은 내용을 작성하여 이 서식을 완성합니다. ① 목표의 진술, ② 상자 안에 있는 삶의 질 영역 지표 선택, ③ 구체적인 용어로 장애물 서술. 정책, 교육, 자원, 인력, 교통처럼 여러분이 느끼는 기관 차원의 장애물만 서술하십시오.

삶의 질 영역			
관계	지역사회 참여	선택	건강과 행동
주거	직업, 학교, 주간활동	역량	존중

목표 1

1. 여러분의 팀은 어떤 목표를 성취하고자 노력하나요?

_____

2. 그 목표는 삶의 질 영역 중 무엇을 반영하나요?

_____

3. 목표의 방해요소를 서술하세요.

_____

목표 2

1. 여러분의 팀은 어떤 목표를 성취하고자 노력하나요?

_____

2. 그 목표는 삶의 질 영역 중 무엇을 반영하나요?

_____

3. 목표의 방해요소를 서술하세요.

_____

목표 3

1. 여러분의 팀은 어떤 목표를 성취하고자 노력하나요?

2. 그 목표는 삶의 질 영역 중 무엇을 반영하나요?

3. 목표의 방해요소를 서술하세요.

목표 4

1. 여러분의 팀은 어떤 목표를 성취하고자 노력하나요?

2. 그 목표는 삶의 질 영역 중 무엇을 반영하나요?

3. 목표의 방해요소를 서술하세요.

목표 5

1. 여러분의 팀은 어떤 목표를 성취하고자 노력하나요?

2. 그 목표는 삶의 질 영역 중 무엇을 반영하나요?

3. 목표의 방해요소를 서술하세요.

기관과 삶의 질 성과 간의 관계: 삶의 질을 증진하는 기관 차원의 절차

기관 자기평가지는 ① 개인중심 포부를 지원하는 정도를 평가하고, ② 이러한 포부와 맞지 않는 기관의 측면을 확인하고, ③ 그 어긋난 측면을 수정하는 법에 대한 협의의 근거로써 도움이 되고자 개발되었습니다.

이 평가지를 기관 관리 회의에서 나누어 주고 앞서 서술된 목적을 설명하기 바랍니다. 참가자들은 오른쪽에 있는 삶의 질 성과를 촉진하는 왼쪽의 기관 특성을 고려합니다. 기관의 특성이 삶의 질에 적합한 정도를 알기 위해 기관의 특성에 비추어 각 삶의 질 성과를 측정합니다. 예를 들어, '관계'부터 시작한다면 참가자들은 삶의 질 영역 중 '관계'가 기관의 구조, 종사자 역할 및 배치, 정책, 교육 등에 의해 어떻게 촉진되었는지를 논의합니다. 삶의 질의 각 영역을 기관의 특성과 계속 비교하기 바랍니다.

이 활동을 진행하면 기관 특성과 삶의 질 영역의 패턴과 순위가 드러나기 시작하며, 삶의 질 영역에 가장 지원적이고 가장 덜 지원적인 기관 특성이 확인됩니다. 개별적인 대비를 고려하는 동안 혹은 모든 대비를 마친 후 적절하지 않은 기관 특성을 수정하고 지원적인 기관 특성을 강화하는 방법에 대한 협의를 진행할 수 있습니다.

기관 측면

기관 구조

직원 역할과 배치

정책

교육

자원 배분

점검

평가

삶의 질 영역

관계

주거

지역사회 참여

만족할 만한 일

선택

역량

건강과 행동

존중

기관 절차가
삶의 질을 지원 →

← 삶의 질 영역별 상태가
기관에 정보를 제공

개인중심 기관역량 지표: 개인중심 성과를 위한 기관역량 향상

이 설문지는 관리팀 구성원이 기입해야 합니다. 다음 내용이 여러분의 기관에서 명확하게 드러나는지를 묻는 문항에 대해 예, 아니요, 해당 없음으로 표기하십시오.

_____ 1. 종사자는 개인중심 철학과 실제에 대한 교육을 받는다.

_____ 2. 더 개별화되고 통합된 학교, 직장 혹은 다른 하루 일과 선택지로 전환하거나 더 소규모이고 더 독립적인 주거 배치로 전환할 기회가 있다.

_____ 3. 장애인은 지원과 서비스 선택에 통제권을 가지거나 직접적으로 관여한다.

_____ 4. 장애인은 소비 결정에 통제권을 가지거나 직접적으로 관여한다.

_____ 5. 자문위원에 장애인을 포함한다.

_____ 6. 위원회 구성원은 장애인을 포함한다(한 명 혹은 그 이상의 위원).

_____ 7. 기관은 지역사회 통합, 자기결정, 대인관계 형성에 있어 최선의 실제를 도모하는 사람들과 팀을 알고 있다.

_____ 8. 기관은 융통적인 자금 구조와 기회를 가지고 있다.

_____ 9. 개인중심적 가치와 목적을 언급하는 강령이 있다.

_____ 10. 조직관리 측은 각 장애인의 포부에 주안점을 두고 잘 진행되고 있는 것과 그렇지 않은 것을 알고자 장애인 및 직원과 소통한다.

_____ 11. 기관은 통합을 촉진하고자 지역사회 자원과 협력한다.

_____ 12. 기관은 서비스 개선을 위해 삶의 질을 평가하는 도구를 사용한다.

_____ 13. 기관은 서비스 개선을 위해 장애인의 만족도를 평가하는 도구를 사용한다.

_____ 14. 직원 설문지는 그들이 자신의 직무를 어떻게 느끼는지 평가한다.

_____ 15. 관리팀은 개별화 서비스와 지원을 제공하는 자신의 역량을 체계적으로 평가한다.

_____ 16. 기관은 개인중심 원칙에 대한 정보를 전파하여 개인중심 철학을 도모한다(예: 신문, 게시판, 출간된 문헌).

_____ 17. 기관은 개인중심 실제를 도모하는 포럼(예: 학회, 회의, 협의 단체)을 후원한다.

_____ 18. 직무기술서는 개인중심 초점을 반영하거나 그것에 중점을 두고 재구성된다.

추천도서

Holburn, S. (1997). A renaissance in residential behavior analysis? A historical perspective and a better way to help people with challenging behavior. *The Behavior Analyst, 20*, 61–85.

Holburn, S. (2002). How science can evaluate and enhance person-centered planning. *Research and Practice for Persons with Severe Disabilities, 27*, 250–260.

Holburn, S., & Jacobson, J. W. (2004). Implementing and researching person-centered planning. In L. Williams (Ed.), *Developmental disabilities: Advances in scientific understanding, clinical treatments, and community integration* (pp. 315–330). Reno, NV: Context Press.

Holburn, S., Jacobson, J. W., Schwartz, A., Flori, M., & Vietze, P. (2004). The Willowbrook futures project: A longitudinal analysis of person-centered planning. *American Journal on Mental Retardation, 109*, 63–76.

Holburn, C. S., & Pfadt, A. (1998). Clinicians on person-centered planning teams: New roles, fidelity of planning, and outcome assessment. *Mental Health Aspects of Developmental Disabilities, 1*, 82–86.

Holburn, C. S., & Vietze, P. (1999). Acknowledging barriers in adopting person-centered planning. *Mental Retardation, 37*, 117–124.

Holburn, S., & Vietze, P. (Eds.). (2002). *Person-centered planning: Research, practice, and future directions*. Baltimore: Paul H. Brookes Publishing Co.

Kincaid, D. (1996). Person-centered planning. In L. K. Koegel, R. L. Koegel, & G. Dunlap (Eds.), *Positive behavioral support: Including people with difficult behavior in the community* (pp. 439–465). Baltimore: Paul H. Brookes Publishing Co.

Mount, B. (1994). Benefits and limitations of personal futures planning. In V. J. Bradley, J. W. Ashbaugh, & B. C. Blaney (Eds.), *Creating individual supports for people with* developmental disabilities: A mandate for change at many levels (pp. 97–108). Baltimore: Paul H. Brookes Publishing Co.

O'Brien, J. (1987). A guide to life-style planning: Using the Activities Catalogue to integrate services and natural support systems. In G. T. Bellamy & B. Wilcox (Eds.), *A comprehensive guide to the Activities Catalogue: An alternative curriculum for youth and adults with severe disabilities* (pp. 175–189). Baltimore: Paul H. Brookes Publishing Co.

O'Brien, J. O. (2006). *Reflecting on social roles: Identifying opportunities to support personal freedom and social integration.* Version 1. Atlanta, GA: Responsive System Associates.

O'Brien, J., & Mount, B. (1991). Telling new stories: The search for capacity among people with severe handicaps. In L. H. Meyer, C. A. Peck, & L. Brown (Eds.), *Critical issues in the lives of people with severe disabilities* (pp. 89–92). Baltimore: Paul H. Brookes Publishing Co.

O'Brien, J., & O'Brien, C. L. (Eds.). (2002). *Implementing person-centered planning: Voices of experience.* Toronto: Inclusion Press.

Risley, T. (1996). Get a life! Positive behavioral intervention for challenging behavior through life arrangement and life coaching. In L. K. Koegel, R. L. Koegel, & G. Dunlap (Eds.), *Positive behavioral support: Including people with difficult behavior in the community* (pp. 425–437). Baltimore: Paul H. Brookes Publishing Co.

Sanderson, H., Kennedy, J., & Ritchie, P. (2003). *People, plans, and possibilities: Exploring person-centered planning.* Edinburgh, England: SHS Ltd.

Wagner, G. A. (1999). Further comments on person-centered approaches. *The Behavior Analyst, 22,* 53–54.

Wehmeyer, M. L. (1998). Self-determination and individuals with significant disabilities: Examining meanings and misinterpretations. *Journal of The Association for Persons with Severe Handicaps, 23,* 17–26.

참고문헌

Holburn, C. S. (2001). Compatibility of person-centered planning and applied behavior analysis. *The Behavior Analyst, 34*, 271-281.

Holburn, S., & Gordon, A. (2003). *Barriers to plan implementation form*. Staten Island: New York State Institute for Basic Research in Developmental Disabilities.

Holburn, S., Gordon, A., & Vietze, P. (2006). *Decision-making and satisfaction interview*. Staten Island: New York State Institute for Basic Research in Developmental Disabilities.

Holburn, C. S., Pfadt, A., Vietze, P., Schwartz, A. A., & Jacobson, J. W. (1996). *Person-centered planning quality of life indicators*. Staten Island: New York State Institute for Basic Research in Developmental Disabilities.

Holburn, C. S., Schwartz, A., & Jacobson, J. W. (1996). *Community activities checklist*. Albany, NY: Office of Mental Retardation and Developmental Disabilities.

Holburn, C. S., & Vietze, P. (1999). Acknowledging barriers in adopting person-centered planning. *Mental Retardation, 37*, 117-124.

Holburn, S., & Vietze, P. (2002). A better life for Hal: Five years of person-centered planning and applied behavior analysis with Hal. In S. Holburn & P. M. Vietze (Eds.), *Person-centered planning: Research, practice, and future directions* (pp. 291-314). Baltimore: Paul H. Brookes Publishing Co.

Holburn, C. S., Vietze, P., & Gordon, A. (2001). *Assessment of person-centered planning facilitation integrity*. Staten Island: New York State Institute for Basic Research in Developmental Disabilities.

Holburn, S., Vietze, P., Jacobson, J. W., & Gordon, A. (2003a). *Assessment of person-centered planning team integrity*. Staten Island: New York State Institute for Basic Research in Developmental Disabilities.

Holburn, S., Vietze, P., Jacobson, J. W., & Gordon, A. (2003b). *Person-centered organizational climate survey.* Staten Island: New York State Institute for Basic Research in Developmental Disabilities.

Kennedy, C. H., Horner, R. H., Newton, J. S., & Kanda, E. (1990). Measuring the activity patterns of adults with severe disabilities using the Resident Lifestyle Inventory. *The Journal of the Association for Persons with Severe Handicaps, 15,* 79–85.

Mount, B. (1992). *Person-centered planning: Finding directions for change. A sourcebook of values, ideals, and methods to encourage person-centered development.* New York: Graphic Futures.

Mount, B., & Patterson, J. (1986). *Update of the positive futures project: Initial outcomes and implications.* Hartford, CT: Department of Mental Retardation.

Nirje, B. (1969). The normalization principle and its human management implications. In R. B. Kugal & W. Wolfensberger (Eds.), *Changing patterns in residential services for the mentally retarded.* Washington, DC: President's Committee on Mental Retardation.

O'Brien, C. L., & O'Brien, J. (2002). The origins of person-centered planning: A community of practice perspective. In S. Holburn & P. Vietze (Eds.), *Person-centered planning: Research, practice, and future directions* (pp. 2–27). Baltimore: Paul H. Brookes Publishing Co.

O'Brien, J. (1987). A guide to life-style planning: Using the Activities Catalogue to integrate services and natural support systems. In G. T. Bellamy & B. Wilcox (Eds.), *A comprehensive guide to the Activities Catalogue: An alternative curriculum for youth and adults with severe disabilities* (pp. 175–189). Baltimore: Paul H. Brookes Publishing Co.

O'Brien, J., & Lovett, H. (1992). *Finding a way toward everyday lives: The contribution of person-centered planning.* Harrisburg: Pennsylvania Office of Mental Retardation. (Available from the Research and Training Center on Community Living, Center on

Human Policy, Syracuse University)

O'Brien, J., O'Brien, C. L., & Mount, B. (1997). Person-centered planning has arrived or has it? *Mental Retardation, 35*, 480–488.

Pfadt, A., & Holburn, C. S. (1996). Community-based supports for people with challenging behaviors. *The Habilitative Mental Healthcare Newsletter, 15*(1), 8–11.

Reid, D. H., Everson, J. M., & Green, C. W. (1999). A systematic evaluation of preferences identified through person-centered planning for people with profound multiple disabilities. *Journal of Applied Behavior Analysis, 32*, 467–477.

Sanderson, H. (2002). A plan is not enough: Exploring the development of person-centered teams. In S. Holburn & P. M. Vietze (Eds.), *Person-centered planning: Research, practice, and future directions* (pp. 97–126). Baltimore: Paul H. Brookes Publishing Co.

Schwartz, A. A., Jacobson, J. W., & Holburn, C. S. (2000). Defining person-centeredness. *Education and Training in Mental Retardation and Developmental Disabilities, 35*, 235–249.

Smull, M. W. (1998). Revisiting choice. In J. O'Brien & C. L. O'Brien (Eds.), *A little book about person-centered planning* (pp. 37–49). Toronto: Inclusion Press.

Smull M. W., & Lakin, K. C. (2002). Public policy and person-centered planning. In S. Holburn & P. M. Vietze (Eds.), *Person-centered planning: Research, practice, and future directions* (pp. 379–397). Baltimore: Paul H. Brookes Publishing Co.

Wehmeyer, M. L. (1998). Self-determination and individuals with significant disabilities: Examining meanings and misinterpretations. *Journal of The Association for Persons with Severe Handicaps, 23*, 17–26.

Wolfensberger, W. (1972). *The principle of normalization in human services.* Toronto: National Institute on Mental Retardation.

Yates, J. (1980). *Program design sessions.* Carver, MA: Author. (Available from the author, 68 North Main Street, Carver, MA 02320)

찾아보기

Steve Holburn, Ph.D.

Steve Holburn은 'New York State Institute for Basic Research in Developmental Disabilities'의 중재연구실 책임자이고, 뉴욕시에 있는 'Association for the Help of Retarded Children'의 행동분석전문가(BCBA)이다. Holburn은 발달장애 서비스 분야에서 폭넓게 집필하고 있는데, 개인중심계획, 주거 규정, 삶의 질, 건강증진, 자해행동, 보조공학, 지적장애를 가진 부모가 그에 해당한다. 중재연구실 연구의 주요 목적은 현 발달장애 서비스 체계에서 효과적으로 실행될 수 있는 개인중심계획 접근을 찾는 것이다. 이를 위해 Holburn 박사는 응용행동분석과 프로그램 평가를 활용하며 종종 이 둘을 융합하여 연구를 실행한다. 전통적인 전문적 실제와 개인중심계획의 조합은 개인중심계획인 PICTURE 방법의 기초가 되는 절차를 만들어 주었다.

개인중심계획에서 Holburn 박사의 업적은 국제적 관심을 끌었고, 저서의 상당수는 다양한 언어로 번역되었다. 국제적 영향력의 예시로는 일본에서 진행되는 탈시설화 계획의 지원, 홍콩 정부의 서비스 효율성 평가 지원, 태국 정신건강부의 개인중심 원칙과 방법 채택의 지원이 있다.

Anne Gordon, M.S.Ed.

Anne Gordon은 'New York State Institute for Basic Research in Developmental Disabilities' 소속의 교육가이자 연구원이다. 그녀는 'Early Childhood Direction Center of Staten Island'의 책임자로 경력을 시작하여 'Staten Island Early Intervention Service Coordination' 부서의 책임자가 되었다. 그녀는 발달장애 아동의 부모를 조기중재와 조기 특수교육 서비스에 연계해 주며, 그 중재들을 옹호하였다. 그녀는 발달장애를 가진 부모, 고등학교에서 성인기로 전환하는 자폐성장애 청년과 함께 개인중심계획을 실행하는 개인중심계획 평가 연구를 실행하고 있다. 또한 Gordon은 현행 서비스 구조에서 개인중심 접근을 실행하는 것에 중점을 둔 개인중심계획 워크숍을 지역과 해외 관심자들을 위해 제공한다. Gordon은 『Health Advocacy Program: An Activity-Based Curriculum for Adults with Developmental Disabilities』의 공동 저자이고, 스태튼 아일랜드 다운증후군 부모 자조집단의 촉진자이다. 또한 다운증후군을 지닌 청년의 부모이기도 하다.

Peter M. Vietze, Ph.D.

Peter M. Vietze는 'Hand in Hand Development'의 연구 및 개발 책임자이며, 'John F. Kennedy Jr. Institute for Worker Education'의 부선임연구원이다. Vietze 박사는 뉴욕의 로워 이스트사이드와 워싱턴 하이츠를 담당하는 비영리단체 'Community Assistance Resources and Extended Services'의 이사이기도 하다. 그는 1969년에 Wayne State University에서 발달심리와 사회심리에 전념하였고 박사학위를 취득하였다. UC Berkeley에서 박사후연구과정을 이수하면서 영아 행동에 대한 연구를 진행하였고, 그 후 George Peabody College에서 부모들과 Head Start 연구를 진행하였으며, 영아, 유아, 그들의 부모와 연구를 실행하고, 발달심리 중재 프로그램을 총괄하였다. Vietze 박사는 11년 동안 'National Institute for Health'에서 연구원으로 일했고, 1987년부터 2004년까지 'Mental Retardation Research Center' 프로그램의 책임자였다. Vietze 박사는 'New York State Institute for Basic Research in Developmental Disabilities'의 영아발달부서의 부상임이사였으며 첫 번째 의장이 되었다. 그는 지난 10년 동안 그곳에서 Holburn 박사, Gordon과 협력하여 Willowbrook Futures 프로젝트 및 Parent Resource 프로젝트와 같은 개인중심계획 프로젝트를 진행하였다. 가장 최근에는 Gordon과 함께 33명의 전환기 청년과 그 가족에게 개인중심계획 지식을 적용하였다. Vietze 박사는 초기 발달, 발달장애, 아동학대와 같은 다양한 주제로 책의 챕터와 학술지 논문을 100편 이상 출판하였다. 뉴욕 주립 건강부는 최근 Vietze 박사가 의장직으로 있는 전문가 패널이 개발한 다운증후군 영유아를 위한 증거기반 임상적 실제 지침을 발간하였다.

역자 소개

김유리(Kim Yu-Ri)

이화여자대학교 특수교육과 학사
이화여자대학교 특수교육과 석사
University of Alberta 교육심리학과(특수교육전공) 박사
전 상명대학교 교육학과 교수
현 이화여자대학교 특수교육과 교수

김예리(Kim Ye-Ri)

중앙대학교 사회복지학과 학사
이화여자대학교 특수교육과 석사
이화여자대학교 특수교육과 박사
전 경기도장애인복지종합지원센터 누림 사무국장
현 서울특별시교육청 행동중재전문관

발달장애인을 위한

개인중심계획(PCP) 길라잡이
- PICTURE 방법 -

Person-Centered Planning Made Easy: The PICTURE Method

2022년 9월 20일 1판 1쇄 인쇄
2022년 9월 30일 1판 1쇄 발행

지은이 • Steve Holburn · Anne Gordon · Peter M. Vietze
옮긴이 • 김유리 · 김예리
펴낸이 • 김진환
펴낸곳 • (주)**학지사**

04031 서울특별시 마포구 양화로 15길 20 마인드월드빌딩
대표전화 • 02)330-5114   팩스 • 02)324-2345
등록번호 • 제313-2006-000265호

홈페이지 • http://www.hakjisa.co.kr
페이스북 • https://www.facebook.com/hakjisabook

ISBN 978-89-997-2754-2 93370

정가 14,000원

역자와의 협약으로 인지는 생략합니다.
파본은 구입처에서 교환해 드립니다.

이 책을 무단으로 전재하거나 복제할 경우 저작권법에 따라 처벌을 받게 됩니다.

출판미디어기업 **학지사**

간호보건의학출판 **학지사메디컬** www.hakjisamd.co.kr
심리검사연구소 **인싸이트** www.inpsyt.co.kr
학술논문서비스 **뉴논문** www.newnonmun.com
교육연수원 **카운피아** www.counpia.com